DR. ADEMAR SCHÖNFELDER

SAÚDE FÁCIL EM TEMPOS DIFÍCEIS

EDNA PIRES & JONES SILVA

Dr. Ademar Schönfelder, Saúde Fácil em
Tempos difíceis

Edna Pires e Jones Silva

Dr. Ademar Schönfelder

(Saúde Fácil em Tempos difíceis)

2ª Edição

ISBN- 978-65-00-19612-2

"Toda a escuridão do mundo deriva da escuridão do nosso coração. E é aí que devemos fazer o nosso trabalho" Marianne Williamson.

"Há que sentar-se à beira do poço das sombras e pescar a luz caída, com paciência"

Pablo Neruda

"Honra teu pai e tua mãe para que te prolongues seus dias na terra."

Bíblia

"Toda doença é derivada dos problemas com os pais"

Juliano Pimentel

DEDICATÓRIA

Quero dedicar primeiro a Deus, por ter me dado a vida, aos meus pais adotivos, Alfredo e Linda Baher (em memória) Arno e Ruth Gielow (em memória) Edmar Koelber (em memória) Karin e a dona Verena Gielow, que foi minha inspiração para nunca desistir, mesmo com todas as adversidades que a vida me ofereceu, continuei firme num objetivo de não ser apenas mais um, mas sim alguem que faça a diferença no seu caminho.

Obrigado a Edna Pires, pessoa querida, que veio no caminho para realizar o meu sonho de escrever o meu livro.

Aprendi que não existe vencedor e sim alguém que aproveitou o caminho para ser feliz e conquistar a felicidade.

Gratidão a todos que não mediram esforços para que essa obra fosse realizada.

Edna Pires e Jones Silva

PREFÁCIO

Em plena pandemia e aos sonoros cantos dos sabiás, reverenciando a primavera...

Recebo com muita honradez e gratidão o convite do nosso admirável nutricionista Ademar Schönfelder para fazer o prefácio do seu livro, um romance/ficção, que relata sua vida e resgata a sua própria história.

Uma trajetória vivida e narrada que está na memória e no coração.

Linhas que nos trazem lembranças, momentos marcantes e significativos de histórias familiares.

Onde cada dia é um recomeço, com fé e persistência.

Uma vida desafiadora, que faz aprender o tempo todo.

Ensinando que o fundamental é não desistir: "Vencedor não é aquele que sempre vence, mas sim, aquele que nunca para de lutar".

E que nada é em vão em nossa jornada: "Eu posso, todos podemos, o importante é focar no seu porquê".

Seu livro é um subsídio precioso com benefícios para o corpo e para a mente e também tem o propósito de manter firmes os fundamentos da medicina natural.

Não adianta querer melhorar a saúde se continuamos falando e pensando negativamente.

Corpo, mente, alma, tudo é interligado: "Todos precisam voltar seu olhar para a terra e para a natureza. É dela que vem nosso sustento e também a nossa manutenção de uma boa saúde".

Quando se fala em medicina natural, nos leva a pensar que seja um complemento da medicina convencional, porém a medicina natural nos confere bem estar a longo prazo associado ao nosso estado de vida e trata o corpo, a mente e o espírito no seu todo.

Mesmo em tempos de pandemia, quando somos privados de muitas coisas e passamos a adquirir todos aqueles hábitos novos, é importante a prevenção e manter o sistema imunológico fortalecido, para combater não só o COVID19, mas qualquer outra doença: "Existem dias que são extremamente difíceis, dias confusos, dias que você não consegue ver o futuro. São dias incertos, sufocantes".

A vida nos oferece oportunidades para alcançarmos resultados efetivos. Para tanto é preciso ser idealista, abnegado, dedicado e competente.

É gratificante saber que você Ademar, agregou estes valores que te conduziram para alcançar os méritos pelo trabalho exemplar.

Parabéns por esta obra enriquecedora!
Que seja valiosa para quem tiver a oportunidade de conhecê-la.

Boas
vibrações!
Com carinho,

Verena Gielow.

AGRADECIMENTOS

Ao Marcelo Fernandes e Stéfani Philipe que contribuíram de uma forma muito enriquecedora para essa obra. A todos os pacientes do Dr. Ademar que disponibilizaram suas experiências de cura quântica para que outros pudessem ter uma nova opção terapêutica

Edna Pires e Jones Silva

SUMÁRIO

CAPÍTULO 1 **DESCORTINA-SE O HERÓI**

Quando tudo começou alguns diziam ser o fim do mundo enquanto outros diziam ser a grande transformação do mundo. Pessoas no mundo inteiro trancadas em suas casas, aprisionadas em seus apartamentos. Mas eu sabia que aquela situação não iria durar muito tempo e que tudo dependia da disposição de aprender e mudar de cada pessoa.

O mundo ainda não havia acabado, durante dias tumultuosos as lições ensinadas choviam copiosamente na internet. Todos queriam ensinar alguma coisa. Poucos estavam dispostos a aprender porque aprender significaria mudanças de comportamento.

Estudei que o verdadeiro aprendizado precisa passar por três fases: A fase do contato e da descoberta de alguma coisa, depois o estudo e a analise desse conhecimento e por ultimo acontecia o verdadeiro aprendizado quando deixávamos que esse conhecimento afetasse nossas crenças e assim passávamos a pensar, sentir e agir de acordo com aquela nova descoberta.

Foi num mundo onde tudo acontecia freneticamente no mundo virtual, foi em um momento histórico onde o amor excessivo aos animais e as coisas e bens materiais precediam e ofuscavam o amor uns pelos outros que descobri coisas maravilhosas sobre nós seres humanos.

Vou fazer uma jornada em meio a muitos conflitos e gostaria que você viesse comigo. Mostrarei o caminho de saída desses conflitos de ideias, opiniões e crenças, que são

12

equivocadamente chamadas de fé, para que encontremos paz, saúde e prosperidade para todos novamente.

Eu estava assentado na grande varanda de minha casa olhando para o meu jardim que enfeitava a entrada com suas flores brancas. O perfume da dama da noite invadia os ares. As janelas pintadas de branco contrastavam com a cor verde escuro das paredes da varanda.

Observava o lindo guarda-corpo de concreto pintado com aparência de madeira que rodeava toda a varanda, o portão de ferro pintado em cor de cobre dava-lhe um ar daquelas casas velhas e antigas.

Apesar de ser um pequeno sítio de pouco mais de mil metros, muito simples e discretamente disposto em um lugar bucólico, cheio da vegetação exuberante da Mata Atlântica, cravado no bairro São Pedro da cidadezinha do interior do sul de Minas, chamada Baependi; aqui era um paraíso para se viver.

Olhava para o céu que estava repleto de estrelas e lembrei de poetas que diziam que "o campo tem mais estrelas que a cidade grande". "Na roça minha gente! O céu tem mais estrelas!"

Pessoas humildes do interior diziam isso com gosto e sorriso nos lábios. Sorri ali sozinho, zombando da poesia tão cheia de belezas que se escondiam por detrás de pensamentos e sentimentos tão simples e singelos.

Na verdade eu, como um aficionado das ciências, sabia que inúmeras estrelas que podíamos ver no céu, estavam sempre lá em cima. O que possibilitava vê-las ou não era simplesmente a quantidade de luz que estava mais próxima de nossos olhos e ofuscavam os brilhos mais distantes.

Foi nesse momento de divagação, onde muitos Brasileiros se refugiavam em casa, assustados, assombrados e temendo por si mesmos e por seus entes queridos, que comecei a perceber o significado daquelas expressões poéticas que exaltavam a necessidade de diminuir a intensidade da luz próxima de nós para que pudéssemos ver as luzes que estavam um pouco mais distantes.

Algo me alertava: "O céu do campo tem mais estrelas que os céus da cidade!" Nesse momento de escuridão, onde os homens se escondiam da praga que assolava ao meio dia, fugindo assustados e tensos para suas casas.

Exatamente quando um manto cinza e obscuro forjado em informações contraditórias sobre doença, política e vida social, nesse ponto de interseção que nos fazia refletir e questionar sobre tantas coisas, onde um estranho medo de viver parecia encobrir grande parte da humanidade, eu senti a necessidade de olhar para as luzes mais distantes para saber que um novo tempo poderia estar sendo anunciado.

Quando todos temiam a doença covid-19 e ouvíamos exaustivamente falando sobre doenças, pessoas idosas e com outras fragilidades que poderiam morrer ao adquirir o Corona vírus, comecei a pensar em saúde. Não queria me contaminar com tanto pensamento negativo de doença, contaminação e morte.

Lembrei-me da primeira vez que estive no consultório do Dr. Ademar Schönfelder, foi aproximadamente a um ano atrás. -

Pelo nome desse especialista em saúde, você já pôde perceber que era um descendente de alemão - Eu tinha viajado mais de 950 km, para visitar meus dois irmãos mais novos, que agora moravam no sul do país, mais exatamente em Blumenau, em Santa Catarina.

Durante os 21 dias que fiquei com eles, conhecemos um pouco da linda região, da cultura alemã e, das lindas cidadezinhas próximas. Fomos passear na cidade de Rodeio e aproveitamos para descer, segundo o que eles diziam na época, na maior tirolesa da América Latina, a tirolesa k2000.

Mas de maneira muito especial uma cidade me chamou a atenção: Pomerode. Eu nunca havia ouvido falar sobre essa cidade antes e, quando a vi pela primeira vez, me encantei. Ela é considerada a cidade mais alemã do Brasil.

Com cenários paradisíacos, diversas casas construídas no estilo enxaimel espalhadas pelos quatro cantos da cidade. Era periodo de pascoa e fiquei alguns dias nessa cidade só para ver a grande arvore de ovos de pascoa que eles construíam durante as festividades.

Um povo sorridente, passeava alegre pelas ruas ao som de canções típicas alemãs, alguns andavam sisudos pelas ruas, mas, bastava um cumprimento para que um largo sorriso aparecesse em suas faces.

Enquanto caminhava pelas suas ruas tão singelas e limpas ou mesmo tomava um cafezinho em uma de suas muitas cafeterias, ouvia muitos imigrantes conversando educadamente em alemão. Eu custava a acreditar que estava no Brasil.

Dr. Ademar Schönfelder, Saúde Fácil em Tempos difíceis

Ao conversar com alguns moradores fui notando que preservavam uma cultura de trabalho árduo, onde todos, desde a tenra infância, eram incentivados ao trabalho e a serem úteis de alguma maneira para sua família e sua cidade. Uma cultura que valorizava o trabalho e a beleza. Por isso tudo e todas as casas vicejavam em flores multicoloridas por todos os lados aonde eu ia.

Foi durante uma caminhada, enquanto acontecia as comemorações da Osterfest, que vi um ovo de pascoa gigante e uma arvore toda enfeitada de pequenos ovos coloridos. Era algo fascinante de se ver! A Pascoa é uma festividade muito celebrada nessa cidade. Por onde você andava sempre via algum detalhe muito lindo que te remetia à páscoa.

Caminhei durante um tempo em derredor da linda cidade e depois fui em direção ao centro. Foi quando avistei, na rua independência uma clínica que me chamou a atenção. A senhora estava parada bem em frente da clínica. Se colocou antes da escada, Estava bem vestida, com seus cabelos castanhos bem claros, quase loiros, aparentava ter uns 60 anos.

Ela fez menção que iria subir, mas parou como se tivesse se lembrado de algo, olhou para mim e, com um sorriso bem calmo e sereno, simplesmente me cumprimentou e com aquele sotaque alemão:

- Bom dia!

- Bom dia minha senhora! Respondi sorrindo. Como estava andando muito devagar ela continuou falando e eu educadamente parei para ouvi-la.

- O Senhor sabia que aqui nessa clínica tem um trabalho fantástico sobre saúde? Nem mesmo aguardou minha resposta e continuou:

- Você está vendo como estou bem disposta? A um mês atrás, quando estive aqui pela primeira vez, estava fraca, mal conseguia falar. Não conseguia andar mais que cinquenta metros sem ter que parar para descansar. Não conseguia nem mesmo trabalhar. Estava realmente muito fragilizada! Quando então entrei pela primeira vez e conheci o trabalho do Dr. Ademar... Ela voltou-se para o prédio e apontou para a porta de entrada da clínica.

Desde que comecei o tratamento com ele... Venho melhorando muito... Pensa! Em menos de trinta dias e já estou com toda essa disposição! Eu a interrompi.

- E qual remédio ele lhe receitou?

- Remédio nenhum! Ele Faz um trabalho completo com a gente. Sua medicina é natural... Sou dona de casa, faço todas as minhas obrigações domésticas com muita disposição. Você acredita que estou até voltando a costurar para fora?

- Como você conheceu o Dr. Ademar?

- Bem, eu estava em casa, desanimada, vivia deitada e sem animo. Meu marido ouviu falar de uma palestra que o Dr. Ademar iria fazer na cidade e me disse que eu deveria ir.

Eu vivia desanimada, se não tinha ânimo para sair da cama, muito menos para sair de casa. Mas ele insistiu bastante e prometeu que me levaria ate onde seria a palestra. Disse carinhosamente e demonstrando um pouco de impaciência que eu não podia continuar do jeito que estava.

Mesmo sem muita vontade fiz o que meu marido me disse e fui. Na palestra fui convencida a começar um tratamento. Eu sentia que estava morrendo. Quando comecei o tratamento. Aprendi sobre as vitaminas, como me alimentar bem e, com os suplementos que ele me passou, fui me recuperando rapidamente e me sentindo a cada dia, mais revigorada.

Você precisa experimentar... Dou graças a Deus pelo meu marido me incentivar e principalmente pela vida do Dr. Ademar!

Qual o seu nome mesmo? Perguntei.

Eu me chamo Rose Maria Alves e tenho 69 anos, mas me sinto com 50, disse sorrindo e entrando para a Clínica...

Sorri e continuei minha caminhada, mas anotei o endereço. Estava um pouco acima do peso e com um cansaço contínuo. Queria ver o que aquele nutricionista clínico tinha a me dizer.

Marquei uma consulta para a semana seguinte, exatamente no início da semana que eu teria que voltar para casa. Eram oito horas da manhã quando entrei no consultório e na pequena sala de espera aguardei.

Quando aquele homem alto e sorridente apareceu, logo me estendeu a mão e com um largo sorriso no rosto, com gestos firmes e vigorantes, muito falante foi me conduzindo para dentro.

Me explicou que o tratamento dele era baseado na prevenção e nos fundamentos da biologia. Isto é, ele não tratava de doenças, mas sim do doente; não falava de remédios e nem de infecções, mas de suplementos e saúde.

Eu disse que não estava doente, mas que havia me encontrado com D. Rose Maria Alves e que ela falou tão bem do tratamento dela que decidi conhecer um pouco sobre isso. Falei do meu sobrepeso e ele me conduziu para assentar próximo de uma maca, onde ao lado, havia uma máquina que se assemelhava a um computador.

Colocou uma peça de aço em minha mão e pediu para que eu a segurasse firmemente. Depois de alguns minutos uma fita de papel começou a aparecer saindo de um dos orifícios da máquina com um diagnostico bem amplo.

Ele me disse uma porção de coisas sobre minha forma de ver a vida, de reagir e o que eu precisava fazer para voltar a ter mais vigor e perder o excesso de peso. Não me deixei impressionar, mas decidi experimentar e fazer o que ele me orientava para ver o que acontecia.

Em menos de um mês, senti a diferença, tanto em minha disposição quanto na perda de peso. Comecei a me sentir melhor ainda depois de dois meses... Seu rosto me veio a mente naquele momento enquanto eu procurava pensar em saúde e deixava meu pensamento divagando.

A mente da gente não para nunca, não é mesmo. Sempre vai de um lado para o outro, de um assunto para outro com tanta rapidez e faz a gente seus escravos que passivamente o segue. Então minha mente me levou aleatoriamente para pensar sobre história.

Sempre fui muito apaixonado com história, principalmente com a história geral dos povos humanos. Desde os grandes reinos da Grécia, Roma, Egípcios, judeus até a história da formação das nações americanas e outros povos depois do período do feudalismo europeu.

No entanto, hoje com o mundo globalizado, estou apaixonado pela história da humanidade. Consigo ver que depois da Internet, existe uma historia que se converge para o ser humano como uma única raça de diversas nacionalidades, cor, gêneros e linguagens.

Pelo prisma, que consigo ver as coisas atualmente, não consigo ver mais uma história de um povo ou de raças ou nações desconectadas com as outras. Acredito que devemos agora contar a história da humanidade com todas as suas idiossincrasias.

Isso ficou muito mais claro para mim quando um vírus, criado ou não pelos próprios homens, começou a contaminar uma cidade da China e foi se alastrando para Europa, Estados Unidos e chegou na América Latina e no Brasil.

Quando todos nós nos sentíamos empurrados pelas mídias mundiais, pela tecnologia mundializada, para fora de nosso lugar comum, sendo expatriados pela força das redes sociais, pelos meios internacionais de comunicação e pela internet, apesar dos desconfortos, eu pressentia que algo bom podia estar acontecendo por detrás daquele alvoroço que a pandemia do Corona Vírus estava trazendo.

Naquela sexta-feira, do dia vinte de março de 2020, bem nos começos do século XXI, quando as luzes da esperança e da fé começaram a ser ameaçadas pela contaminação rápida e implacável do corona vírus, foi que eu pude ver um conflito brilhando nas entrelinhas da internet e nos subsolos das redes sociais, em meio aos diversos outros conflitos que eram fáceis de serem identificados.

Comecei a ter um vislumbre de que estávamos todos vivendo num ponto de mutação da humanidade. Eu tive o privilégio de, não apenas ver, mas vivenciar e experimentar em mim, a vitória de uma nova dimensão de existência.

Para mim o maior representante desse conflito, embora estivesse por toda parte e poucos o enxergavam, eram as duas formas de medicina que combatiam silenciosamente para ganhar adeptos e seguidores.

Eu sabia que esse conflito era apenas um paradigma de um conflito mais complexo e mais oculto que estávamos vivenciando naquele periodo. Eu sabia que não seria fácil de ser detectado, principalmente porque outros conflitos faziam sombras e não deixavam pessoas menos perspicaz o identificarem e o compreenderem.

Mas eu estava de quarentena e, como sou muito curioso, decidi entrar fundo nessa empreitada. Precisava saber se minhas suspeitas tinham fundamento e, se tivessem, eu iria revelar para as pessoas aquilo que era essencial para humanidade aprender para se tornarem melhores seres humanos para o próximo século.

Depois que compreendi a essência do conflito passei a considerar alguns homens como heróis ousados, que lutavam por uma nova forma de conceber a vida, a saúde e o bem estar, pois eles estavam a frente do conflito e estavam vencendo a guerra.

Foi assim que me lembrei do Dr. Ademar. Inclusive das coincidências que ocorreram comigo durante todo aquele ano anterior ao que estava acontecendo agora. Era o ano de 2019 e todas aquelas estranhas coincidências me levaram a entender e ter mais convicção do que realmente estava acontecendo no mundo.

Coisas simples que nos acontecem cotidianamente e que muitas vezes deixamos passar sem perceber que é um sinal de advertência, me aconteceram e eu comecei a prestar mais atenção para ver onde esses sinais queriam me levar.

Quando saí daquele consultório e, ao terminar minhas férias, voltando para Minas Gerais, no voo em que eu estava, assentou-se ao meu lado um pastor evangélico que, aproveitando o tempo da viagem, começou a conversar comigo.

Falamos sobre o tempo, sobre os lugares bonitos do sul que cada um conheceu até que o assunto caiu na questão da saúde e de como as pessoas estavam ficando muito doentes e acostumadas com isso.

Eu não lhe disse no início que a mente humana divaga aleatoriamente? Pois então! A conversa foi parar no tema de saúde, e para mim não foi coincidência, mas um sinal do que aconteceria no futuro.

Comentei com ele como as pessoas gostavam de falar de seus males, como estavam tomando remédios demais, principalmente para controlar ansiedades e tratar de distúrbios psicoemocionais. Como se estar doente ou com dores fosse algo normal. Ele completou:

- Não! Jesus veio para que o homem tivesse vida e vida em abundância. Temos que ter saúde, doença não é algo normal! O natural é sermos saudáveis. Veja bem! Eu conheci um nutricionista muito diferente, ele tem um consultório em Pomerode... E antes que ele terminasse a frase eu o interrompi. Eu sempre tive esse mal hábito, e mesmo lutando contra ele, às vezes eu não conseguia me conter.

- Eu também conheci um recentemente... Como é o nome dele?

- Dr. Ademar!

- Puxa que coincidência! Foi exatamente em seu consultório que estive alguns dias atrás...

- Não, meu amigo! Não acredito em coincidências! Acredito em providência divina! Porque Deus controla todas as coisas... Eu franzi a sobrancelhas como sinal que estava pensando naquilo que ele acabara de afirmar e ele sem dar bola para minha reação continuou:

- Eu sou o Pastor Ademir Link. Sou pastor da igreja Pentecostal Missão Apostólica. Fiz um tratamento com o Dr Ademar e tive resultados excelentes. Eu, não realidade, nunca gostei de me tratar com medicamentos químicos.

Como eu mesmo tive resultados muito satisfatórios indico o povo a fazer o mesmo . Até abri oportunidades para o Dr Ademar fazer palestras a respeito de saúde na igreja sede e em suas filiais também.

O povo elogiou muito as explicações e esclarecimentos que ele falou em sua palestra sobre saúde e sobre o que é o tratamento natural . Eu me lembro de algumas coisas que considero importante para todas as pessoas.

Ele falou sobre duas questões essenciais: Tempo e água. O tempo que desfrutamos desde o momento que nascemos até nossa idade mais avançada é constituído essencialmente de vinte e quatro horas diárias. Este tempo é dividido entre tarefas, alimentação e descanso.

Administrar o tempo não é uma questão de ficar contando os minutos dedicados a cada atividade, mas sim uma questão de saber definir prioridades.

Provavelmente numa sociedade complexa como a nossa, tudo a mil por hora, buscamos só o autocuidado, quando já por muitas vezes, perdemos o controle da nossa saúde. Quando se pensa em tempo sabemos que nunca vamos ter tempo para fazer tudo o que precisamos ou desejamos fazer.

Os maiores luxos e as melhores coisas da vida, são: ter saúde e estar com aqueles que amamos.

Saber administrar o tempo é ter clareza cristalina sobre o que, para nós, é mais prioritário, dentre as várias coisas que precisamos e desejamos fazer. Depois tomar providências para que essas coisas mais prioritárias sejam feitas, sabendo que as outras provavelmente nunca vão ser realizadas. Não se esquecendo de sempre manter o foco na saúde e prevenção, só assim podemos conquistar a longevidade.

Digamos que você considere importante ficar mais tempo com sua família. Por outro lado, você tem que trabalhar muitas horas por dia. Se o seu trabalho é mais importante do que ficar com a sua família, o problema está resolvido, você trabalha, mesmo que isso prejudique a convivência familiar.

No entanto, se sua família é mais importante que o trabalho você terá um desafio para vencer. Como conseguir um trabalho que lhe dê renda suficiente para sustentar sua família e lhe dê o tempo necessário para desfrutar da companhia dela?

Administrar o tempo é ganhar autonomia sobre a sua vida, não é ficar escravo do relógio, é uma batalha constante, é um exercício diário, que tem que ser vencido todo dia.

Se você quer ter a autonomia de decidir passar mais tempo com a família, ou sem fazer nada, você tem que ganhar este tempo deixando de fazer outras coisas, que são menos importantes para você.

Em última instância pode ser que você até tenha que, eventualmente, arrumar um outro emprego ou uma outra ocupação, você só será feliz se estiver fazendo aquilo que realmente faça valer a pena.

Há os que afirmam, hoje, que o recurso mais escasso na nossa sociedade, não é dinheiro, não são matérias primas, não é energia, não é nem mesmo inteligência. É tempo. Mas tempo se ganha, ou se faz, deixando de fazer coisas que não são nem importantes nem urgentes e sabendo priorizar aquelas que são importantes e/ou urgentes.

Quem tem tempo não é quem não faz nada, é quem consegue administrar o tempo que tem de modo a poder fazer aquilo que quer ou aquilo que é necessário. Afinal de contas todos os dias são feitos de vinte e quatro horas para todos os seres humanos. Não existe aquele que tenha mais tempo que o outro.

A vida, em relação ao tempo, oferece à todos a mesma quantidade de horas. A diferença está na utilização destas horas por cada um de nós.

 Por outro lado, ser produtivo não é equivalente a estar ocupado, há muitas pessoas que estão o tempo todo ocupadas exatamente porque são improdutivas, não sabem onde concentrar seus esforços e, por isso, ciscam aqui, ciscam ali, mas nunca produzem nada.

Ser produtivo é, em primeiro lugar, saber administrar o tempo, ter sentido de direção, saber aonde se vai, ver mais oportunidades e menos problemas.

Administrar o tempo, em última instância, é planejar estrategicamente a nossa vida. Para isso, precisamos, em primeiro lugar, saber aonde queremos chegar definindo no hoje, nossos objetivos. Onde quero estar, e como quero estar, daqui a cinco, dez, vinte e cinco ou cinquenta anos?

O segundo passo é começar a traçar uma estratégia e transformar objetivos em metas para se ter longevidade com saúde e decidir, em linhas gerais, como serão alcançadas.

O terceiro passo é criar planos de autocuidados, explorar as alternativas específicas disponíveis para se chegar aonde e como queremos chegar.

Em quarto lugar, fazer o que tem que ser feito. Durante todo o processo, precisamos estar constantemente avaliando os autocuidados que estamos praticando. Verificar se estão nos levando mais perto de onde queremos estar ao final da nossa vida.

O alvo aqui seria viver muitos anos com menos sofrimento, não tendo grandes preocupações e desfrutando de um dia a da com mais saúde e qualidade de vida.

Quando o nosso tempo termina, acaba a nossa vida, não há maneira de obter mais. Por isso, tempo é vida, cuide daquilo que existe de mais importe nesta vida: Você... Quem administra o tempo ganha vida, mesmo vivendo o mesmo tempo.

Prolongar a nossa vida é algo sobre o qual podemos ter um certo controle. Está em nossas mãos a possibilidade de aumentar a nossa vida ganhando tempo e ganhando também maior qualidade de vida. Basta um pouco de esforço e determinação.

Quando se fala de tempo, estamos muitas vezes falando de envelhecimento. E quanto a isso sabemos que a saúde e o estilo de vida determinam que tipo de vida na terceira idade uma pessoa terá. O envelhecimento é cientificamente comprovado que é uma doença.

O colágeno por exemplo, é uma proteína que mais encontramos em nosso corpo. Ele é responsável por uma vida de beleza e saúde no envelhecimento.

Existem vários tipos de colágenos em toda a extensão do corpo humano, mas oitenta por cento dessas proteínas podemos dividir em três tipos: Os de fibra densa que se encontram nos dentes, ossos, ligamentos, pele e nos tecidos conjuntivos. O de Cartilagem elástica que fornece suporte para as juntas e aquele colágeno das fibras, que se encontram nos músculos, artérias e órgãos.

A partir dos vinte e cinco anos de idade a produção dessa proteína diminui em média de um por cento ao ano e passa a comprometer a regeneração dos tecidos.

Mulheres depois da menopausa perdem dois por cento ao ano. O Colágeno é o coadjuvante essencial para se manter a saúde e a beleza.

Além de muitos fatores posso citar aqueles que auxiliam na produção do colágeno e diminui a sua perda: O sono, a quantidade correta de água, atividades físicas e lazer. Este lazer tem que ter o poder de desligar a pessoa de toda uma vida de stress e responsabilidades.

Quanto ao sono é muito importante que a pessoa observe se esta passando por todas as suas fases e se o ambiente esta completamente escuro e sem qualquer ruído ou barulho que venha a despertá-lo ou impedi-lo de aprofundar em seu descanso. Precisa se observar a qualidade e também a quantidade desse sono.

Quando se trata de uma saúde quântica precisamos compreender os quatro padrões nutricionais que necessitamos:

Os Alimentos informacionais, que tipo de informação estamos deixando entrar dentro de nossa mente. O que estamos ouvindo de noticiários, que tipo de informação ouvimos por meio das músicas que mais gostamos. Enfim aquilo que alimenta nossa mente e nossas crenças intelectuais.

Os alimentos afetivos podem ser internos ou externos. Nos alimentos afetivos internos devemos observar quais os sentimentos mais manifestamos em nosso dia a dia e que tipo de sensações cultivamos no geral.

Já os alimentos afetivos externos dizem respeito à que tipo de tratamento que aceito dos outros para comigo. Como deixo as pessoas se referirem a mim, como elas agem na minha presença e o que dizem para mim.

Os alimentos espirituais são aquelas ações ou palavras ou sentimentos que eu mesmo cultivo que me promovem uma paz e uma harmonia interior. Espiritualidade é a aceitação e a busca de uma harmonia e unidade interna e pessoal. Isto, com certeza, irá refletir nas relações sociais.

Aquele que não está brigando consigo mesmo, que está em harmonia e em paz consigo mesmo, com certeza estará em paz com aqueles com quem convive.

E finalmente os alimentos Biológicos que devem ser escolhidos baseados na necessidade do corpo. De acordo com a idade e o momento de cada pessoa.

Já observei que esses quatro padrões sempre interferem um no outro. Por exemplo se você se permite ficar ansioso, com raiva ou com medo, provavelmente não terá condições para escolher alimentos saudáveis. Aquilo que se apresentar mais fácil e mais rápido para saciar sua "fome" (ansiedade e mal estar ou carência afetiva) é o que você irá escolher.

Hoje eu posso dizer que todas as pessoas deveriam tomar conhecimento desses tratamentos. Porque no tempo atual o corpo do povo está implorando socorro.

Enquanto ele terminava sua fala, pensava comigo mesmo que aquele homem estava na profissão correta, porque ele praticamente fez um sermão sobre saúde que durou toda a viagem. Eu aproveitei a pausa que ele fez e comentei:

- Acho que as pessoas não estão tendo tempo para ouvir o que o corpo está falando... Levam a vida no automático e nem conseguem perceber o que lhes está acontecendo, não é verdade?

Seu semblante tranquilo e suas palavras vinham a minha mente com nitidez, eu até podia sentir o perfume que exalava de sua bíblia enquanto ele falava comigo e folheava aleatoriamente aquele grande livro negro.

Ao lembrar daquela minha consulta, me vieram a mente as palavras do Dr. Ademar que agora me inspiravam a ter uma visão, sobre o meu corpo e sobre tudo o que estava acontecendo naqueles dias. Uma visão muito diferente daquela que eu tinha antes de tudo isso acontecer.

Como se não bastasse essas "coincidências e encontros casuais", depois de voltar para casa, enquanto estava assentado com minha senha de atendimento no Banco do Brasil de minha cidade, aguardando a chamada, uma médica se assentou ao meu lado e observamos juntos uma discussão entre o segurança e uma jovem que ficou histérica ao se sentir pressionada a voltar da porta automática na entrada. Quando ela tentou passar pela terceira vez o alarme detector de metais soou novamente.

A jovem teve que voltar mais umas duas vezes e esvaziar seus bolsos e sua bolsa. A cada vez que voltava, fazia uma cena e falava alto com o segurança, seu rosto foi ficando vermelho e revelava o quanto ela estava nervosa e com pressa.

- Puxa, como ela está nervosa! Não acha, doutora? Vai precisar de algum remédio tarja preta para ficar mais calma e não sofrer um ataque cardíaco bem aqui dentro! Você esta pronta para atende-la? Brinquei iniciando uma conversa.

- Claro! Estou sempre pronta! Respondeu educadamente e com um sorriso nos lábios.

- Mas o que ela está precisando mesmo é de um tratamento dos nervos... Sorri.

- É verdade! Alguns meses atrás eu estive em Pomerode, numa cidade de Santa Catarina e conheci um especialista em saúde preventiva, o Dr...

- Será que é o Dr. Ademar?

- Você o conhece? Ela sorriu e seu sorriso chamou minha atenção para o crachá em preto e amarelo escrito: Dra. Ana – médica.

- Sim, estou apenas fazendo um trabalho aqui na cidade, mas vou lhe contar algo viu! O impacto do tratamento preventivo que realizei com ele me trouxe novas possibilidades de olhar aquilo que estava em desequilíbrio em meu corpo e em minha vida que precisavam de vários ajustes.

Em vários aspectos eu tive que trabalhar, tanto físicos quanto emocionais . Aproveitei a oportunidade e passei a ter um cuidado integral com minha vida. Este trabalho e essa visão é maravilhosa e abre portas para um olhar mais completo e individualizado. Pensar a medicina aliada a um olhar que agrega e contribui e não exclui ou segrega, para mim, é o caminho que aponta para a cura. Agradeço muito aquele nutrólogo...

- Eu também!... Quando íamos continuar a conversa a minha senha apareceu no painel e com o sorriso me despedi dela. Quando saí do outro lado e a procurei nos assentos de espera, ela já não estava mais lá.

Com a pressa que estava segui meu caminho. Mas pensei na grande coincidência que acontecera e nas palavras daquele pastor que dizia que nada era coincidência, mas que havia uma mente e um coração orquestrando toda a vida humana...

Foram exatamente essas coincidências e a maneira do Dr. Ademar abordar a saúde e não a doença que me fizeram ver a ponta do grande iceberg de heróis que estavam se levantando no mundo. A vida dele estava cheia de "coincidências" que acabaram nos fazendo reencontrar.

CAPÍTULO 2
DR. ADEMAR SCHÖNFELDER

Ademar nasceu num distrito muito pequeno de Blumenau que se chama Vila Itoupava. Uma pequena vilazinha com uma cultura alemã muito conservadora. Seus pais eram muito pobres e trabalhavam na lavoura para sobreviver.

Uma região montanhosa, de terreno acidentado, com belas paisagens que remetem à vida tranquila no interior, cortada por pequenos vales e riachos, e cercada de muito verde , grande parte de seu território se encontra na área rural.

A produção agrícola em pequenas propriedades rurais e o pequeno comércio foi o que manteve a Vila Itoupava sobrevivendo até os dias de hoje. É um dos recantos mais alemão da cidade de Blumenau.

Até hoje a maior parte de seus habitantes ainda preserva os traços culturais trazidos por seus antepassados. Além da língua alemã, dão testemunho de suas tradições, as casas construídas na técnica enxaimel, a gastronomia, os clubes de caça e tiro e os grupos de dança folclórica.

Os primeiros moradores vieram em 1867, da região histórica da Pomerânia e se instalaram nessa região e falavam o Plattdeutsch/ Pomerano (região que pertencia ao Distrito de Massaranduba e que fazia parte de Blumenau), cuja emancipação aconteceu somente em 31 de dezembro de 1943 por meio do prefeito Bruno Hildebrand.

Com uma vegetação exuberante e complexa, composta por diversos agrupamentos, os topos de seus morros são formados por vegetação típica de cristas de serra. A cobertura vegetal da floresta se apresenta alta, densa e sombria, tornando-se muito fechada em algumas áreas.

Possui diversos ribeirões como o Sarmento, Areia, Braço do Sul, Itoupava Rega Central, Itoupava Rega entre outros. Esses diversos ribeirões entrecortam um terreno bastante irregular e acidentado, rodeado de pequenos vales estreitos, trazendo bastante umidade para a região.

Com cinco filhos para criar, sua mãe ficava em casa, cuidando das crianças enquanto seu pai auxiliava nas lavouras, trabalhando para fora e trazendo dinheiro que dava somente para as necessidades básicas. De repente começou a adoecer e a situação foi ficando cada vez mais difícil.

Sua mãe fazia tudo o que podia, mas de repente ficou viúva. O sofrimento da perda de um pai se acentuou à perda de alguém que trazia o sustento para as crianças. Sua mãe ficou paralisada e sem reação diante desse golpe abrupto da vida.

Ademar tinha apenas três anos de idade. Não entendia direito o que estava acontecendo, mas vendo seus irmãos chorando e sua mãe, chorava incessantemente. A tristeza foi de comover toda a vila.

Passado aquele momento difícil, da dor, do enterro e do vazio dentro de casa, ela sabia que não teria tempo para ficar chorando. Tinha cinco bocas para alimentar. O choro ficaria somente para as poucas horas de sono que a esperavam ao anoitecer em seu travesseiro.

Começou a trabalhar com faxinas para seus vizinhos. Fazia duas três faxinas por dia, mas naquele tempo não tinha com quem deixar as crianças. Ainda tinha que arrumar tempo para fazer o almoço e o jantar. Ela foi se desgastando e no fim de semana, já exausta, tinha que lavar e passar as roupas de toda a família.

Com pouco tempo levando a vida nesse ritmo, já com esgotamento físico e com os nervos à flor da pele, num fim de semana depois de deitar sua cabeça no travesseiro chegou a triste conclusão que não conseguiria levar aquela vida por nem mais um dia. Precisava tomar uma decisão para amenizar sua situação.

Viu que não conseguiria colocar comida na mesa para tantas crianças, mas o pior eram os cuidados com o menorzinho deles, Ademar. E com dor no coração e lagrimas encharcando seu travesseiro decidiu entregalo para alguém de confiança e que pudesse garantir um futuro melhor para o seu filhinho.

Na Segunda-feira, depois de um dia de muito trabalho, quando chegou tarde depois de um dia pesado de faxina na casa de uma senhora na região de comércios da Vila Itoupava. Chegou em casa, sentou-se nas escadas e com as mãos segurando o queijo ficou olhando para Ademar.

Ele estava absorto com pedras e paus, brincando, alheio à tudo o que estava acontecendo dentro de sua casa. Olhou para sua mãe com muito carinho e amor soltando um sorrisinho. Parecia querer alegrar seu triste semblante.

Ela devolveu o sorriso num esforço sobrenatural. Sabia que os outros filhos ainda não tinham condições de criar Ademar sozinhos. Uma angústia tomou conta de seu coração quando ela percebeu que não teria outra solução. Teria que pedir uma outra família para ficar com ele.

Grossas e quentes lágrimas corriam sobre sua face novamente. Ademar mal sabia andar e correndo cambaleante para os braços de sua mãe, procurou limpar as lagrimas. Ele não entendia, mas sabia que o choro não era algo agradável.

Ela o pegou no colo e foi dar-lhe um banho. Enquanto o lavava com suas lágrimas e uma água aquecida, tentava encontrar coragem para fazer o que precisava ser feito. Sabia que seria julgada e condenada. Mas o que ela poderia fazer? E quando a criança crescesse, o que pensaria dela?

Inocentemente Ademar ficava olhando para sua mãe com todo o amor e admiração que uma criança tinha para com sua família. O mundo dele se resumia na grande afeição, confiança e dependência que tinha dela e seus irmãos. Não sabia ele que aqueles momentos tão gostosos e aconchegantes seriam os últimos.

Com o coração sangrando, decidiu entregar Ademar com três aninhos, para um casal, O Sr. Alfredo Bähr e Linda Bähr. Ela já havia conversado com eles durante aquele horário de almoço. Eles abriram o coração e a porta da casa deles, pois viam a grande luta que ela estava tendo.

Alfredo e Linda eram também um casal de colonos que moravam próximos à outros colonos pertinho de Rio bonito. O Bairro se chamava Morro do Cachorro e Ademar foi criado num sítio de subsistência como toda criança alemã. Era um casinha pequena que naquela época nem sequer tinha energia elétrica.

Ela ficou o restante da semana com Ademar. Acordava aflita no meio da noite querendo mudar de ideia, mas no decorrer da semana viu que realmente não teria forcas. Foi uma semana de muita luta e conflito interior.

Foi num triste domingo, acreditando que estava saindo com sua mãe para um lindo passeio pela região, que ele foi deixado na casa do sr. Alfredo e D. Linda. Sua mãe ainda ficou por ali por perto, tentando tiralo do colo. D. Linda o carregava com carinho.

Deu-lhe alguns pedaços de pau e uma bola de pano para brincar e tentava distraí-lo. Sem saber por que, e nem percebendo nada, quando de repente olhou ao seu redor viu que sua mãezinha já não estava mais lá.

Quando o colocaram para dormir numa cama estranha, ele olhava assustado para os lados, não reconheceu seu quarto. Chamou pelos seus irmãos. Percebendo que sua mãe não estava presente e nem seus irmãozinhos, começou a chorar.

Nem sequer ainda sabia pronunciar o nome deles direito. Gritava e esperneava querendo sua família. Alfredo e Linda tinham uma filha que já era adulta e ela adorou a ideia de ter um irmãozinho.

Ela tentava brincar com Ademar e o balançava querendo faze-lo esquecer de seus parentes, mas nada adiantava. Eles olhavam para aquela criança chorando e, sabendo que não poderia mais voltar para casa de seus familiares, também choraram.

Com muita paciência ficaram até tarde da noite acordados tentando consolar e acalmar aquele bebê. Pegavam um brinquedinho, carregavam ele no colo. Foi uma longa noite até que ele se cansou e adormeceu.

Foi uma semana muito difícil, tanto para os novos pais quanto para Ademar. Percebia-se nitidamente que os olhos alegres de Ademar foram mudando aos poucos. Aquele bebê teve que esquecer toda a sua afetividade e para isso, chorava todas as noites. Chorou durante 7 dias seguidos e depois se calou. O brilho do seu olhar demoraria alguns anos para voltar.

Quando cresceu Ademar não mais se lembrava daquele sentimento infantil tão quente, aconchegante e gostoso do colo materno, de ver o pai chegando cansado e que o inspirava a crescer e ser um adulto como eles.

Aquilo tudo ficou como um "nada" oculto em seu inconsciente que mais tarde se traduziu num vazio que ele procurou preencher com novos amores. Na medida em que crescia, Ademar aprendeu a amar Alfredo e Linda como se fossem seus verdadeiros pais.

Suas lembranças da vida em família foram soterradas nos escombros da dor infantil do abandono. Depois de adulto, ele sabia que tinha uma outra mãe, tinha irmãos, mas não havia cultivado amor por eles. Era apenas um conhecimento de certo parentesco, mas a afetividade, ele aprendeu bem cedo, se não for cultivada e alimentada com a convivência, se transforma em mera estranheza.

Ademar jamais se esqueceu do nome do bairro onde morara com seus pais adotivos. A história do nome do bairro era muito interessante e era passada de pai para filho. E todo mundo que morava no bairro conhecia de cor porque o bairro se chamava "Morro do cachorro".

A história foi mais ou menos assim. A Rede Globo estava em crescimento e queria expandir seu alcance para aquela região. Foi aberto para se criar a repetidora da TV Coligadas, na época era o canal 3, afiliada da Globo. Ao subirem o morro, para colocar a sua enorme antena, encontraram uma cadela do mato com sete filhotes e dai veio o nome: Morro do Cachorro.

Ademar, junto com Alfredo e Linda moravam bem abaixo desse morro em um sítio onde cultivavam muitas frutas e legumes. Sua infância foi de muito trabalho, mas sempre perto da natureza.

Sem tempo para brincar, com seu trabalho junto as arvores frutíferas e a horta, nos cuidados com as plantas e animais, acabou se apegando as forças da natureza. Aprendeu a amar as folhas, os frutos, as borboletas a natureza e suas estações.

Chorou muitas vezes escondido ao sentir a falta de seu pai e cuja imagem foi se apagando da sua mente tão infantil. Porem seu coração carregava ainda aquele vazio paterno e materno que tanto lhe doía nos finais de domingo.

Quando chegou numa certa idade, ficou sabendo de quem realmente era filho, ficava numa esperança silenciosa de que a qualquer momento sua mãe e seus irmãos viessem lhe buscar, mas este dia nunca chegou. O tempo apaga magoas, desejos ilusórios e concretiza a verdade. E a verdade era que, para o seu próprio bem, a vida concedeu novos pais para ele.

A falta de sua mãe também lhe acompanhava no anoitecer quando colocava sua cabecinha no travesseiro. Muitas vezes, ainda exausto das pequenas tarefas do dia a dia, Ademar ainda criança, deixava rolar grossas lágrimas abandonadas pela face que escorria e se escondia por detrás das fronhas surradas e dos travesseiros afeiçoados em guardar dores.

Quando desistiu da ideia de um resgate de sua família, aprendeu algo que muitas pessoas não têm o privilégio de aprender: O amor não se revela apenas pelos laços sanguíneos! Rapidamente aprendeu que o seu amor teria que ser muito mais amplo e mais profundo que um amor baseado em laços familiares.

O amor que ele desenvolveu no decorrer de sua história era aquele amor que diz: " Encontrei muitos pais, muitas mães e irmãos durante minha caminhada, aqueles que no inicio me pareciam estranhos, mas que por amor, cuidado e mãos amigas, se tornaram para mim, grandes pais, maravilhosas mães e grandes irmãos!"

Nem todos os seres humanos têm esse privilégio de compreender a imensidão do alcance do amor que somos capazes de desenvolver como seres humanos. Ficam toda uma vida retidos em relacionamentos familiares como se fossem o objetivo de toda existência humana.

 Alguns aprendem somente depois da terceira idade que o amor à família é apenas o começo para que desenvolvam um amor mais profundo pela humanidade e por tudo que esta vivo na terra. Mas Ademar aprendeu desde jovem a abandonar aqueles vínculos familiares, para abraçar um verdadeiro amor mais universal.

Ele se lembra da dor que sofrera para ter que abandonar seus vínculos infantis com sua família de sangue, enquanto crescia. O estranho vazio que muitas vezes precisou ignorar para não continuar sofrendo, mas era uma dor quase que indolor, pois havia sido acalmada por um amor mais elevado, principalmente depois que se casou e teve suas filhas.

Quando adulto logo compreendeu que o que realmente o faria completo e feliz seriam os amores que apareceriam em sua vida durante seu crescimento. O seu prematuro entendimento de que não são os laços sanguíneos que realmente determinam as relações de afetividade e amor entre as pessoas, foi quem o conduziu a uma expressão de amor mais amplo do que a maioria das pessoas ainda experimentam.

A família que o adotara, apesar de ser muito simples, era muito dedicada ao trabalho e o tratava como toda criança alemã de outras famílias. A criação de filhos, na cultura alemã daquele tempo era voltada para o trabalho e ninguém era poupado nas lidas diárias. Todos tinham que começar a trabalhar bem cedo.

Cada membro da família tinha suas tarefas e Ademar logo, logo se viu aprendendo a criar gado, porcos, galinhas, plantar milho, aipim (mandioca), arroz, batata, cana. Aprendeu a fazer melado, colher tangerina e outras plantações de sobrevivência.

Foi uma infância difícil. Capinando, arando terreno onde colhiam araruta e vendiam para fazer algum dinheiro. Mesmo com tanto trabalho, ainda lhe restava um tempo para seus estudos. Finalizou sua quarta série sem nunca ter visto uma TV e com pouco tempo para brincar.

Já crescidinho, com seus dez anos de idade chegou um momento importante em sua vida. Era o momento de fazer sua primeira comunhão. Era uma verdadeira festa comemorada com muita alegria. Toda a comunidade se envolvia. Era uma celebração muito importante pois era sua confirmação católica.

A filha de Alfredo precisou fazer uma cirurgia de útero. O que parecia ser simples, aos poucos foi se complicando. Teve uma forte hemorragia e por mais que os médicos fizessem não houve nenhuma melhora. Aos quarenta anos falece, exatamente na semana da primeira comunhão de Ademar.

Ele estava todo entusiasmado com aquele evento, sentia que ficaria mais adulto depois da primeira comunhão, havia preparado para sua festa. Mas com a morte de sua irmã, ficou tudo muito confuso. Foi algo estranho porque, ao mesmo tempo em que se alegravam pelo seu ato de fé, todos também estavam muito tristes pela morte tão prematura de Helena.

Apesar da decepção e dos sentimentos paradoxais daquele momento, Ele sempre olhava tudo aquilo com uma convicção de fé que, se tudo aquilo estava acontecendo, Deus estava sabendo de tudo em seu mais amplo significado e deveria estar tudo certo. Sua fé genuína e bem estruturada lhe dava força e vontade de prosseguir.

A morte daquela jovem mãe, que tanto abalou toda a comunidade de colonos, foi mais um motivo para Ademar querer enveredar pelos conhecimentos da medicina e da saúde com uma visão um pouco diferente.

Ele assistia continuamente os sofrimentos de pessoas mais velhas que trabalhavam no campo com ele, via claramente os limites de cura e de alcance da medicina tradicional daquele tempo. Ele queria fazer mais, acreditava que algo tinha que ser feito para amenizar a dor, o sofrimento e curar as pessoas.

Ele não sabia, mas estava se preparando para fazer parte de um grande e invisível exército que enfrentaria um conflito silencioso e que se revelaria mais intenso e em escala mundial nas primeiras décadas do séc. XXI.

Um conflito que mesmo aqueles que estavam vivenciando seus efeitos, não conseguiriam vê-lo com tanta clareza quanto eu porque estávamos vivendo um tempo onde muitos outros conflitos, espalhados pelo mundo, dentro e fora de pequenos e grandes grupos que se dividiu a humanidade, eram muito gritantes.

Com muitas dificuldades, ele foi crescendo e aprendendo muitas coisas sobre a vida na colônia e como a terra, as águas e as plantas da natureza funcionavam. Observava que muitos dos sofrimentos dos colonos, das doenças, muitas vezes eram tratadas com chás de folhas das plantas ou com raízes que a tradição mantinha de boca em boca.

Assim adquiriu a confiança que a terra e a natureza eram de pura medicina, haviam ervas, frutos e alimentos que curavam. Se a tradição trazia tantas alternativas, deveria existir muito mais, mas que ainda não eram devidamente exploradas.

Os que mais sofriam com doenças e debilidades eram os idosos. Sofriam de dores lombares, reumatismos e tinham diversas dificuldades de locomoção. Ao ver o sofrimento dos outros, Ademar não se conformava e pensava:

- Um dia ainda hei de encontrar alguma coisa, um chá, ou um remédio qualquer que cure as dores e os males da velhice! Ficava pensando em sua mãe biológica, que o tempo já ia deixando marcas de envelhecimento precoce pela dureza da vida na pobreza. Que apesar de não nutrir um sentimento profundo de afeição, cultivava um sentimento de respeito e consideração.

Durante todo o seu crescimento enfrentou muita escassez, embora nunca tenha passado fome, dinheiro era algo raro e difícil de aparecer em grande quantidade. Em contrapartida a natureza sempre lhe foi muito amável e lhes dava comida em fartura.

Ele se questionava por que o dinheiro era algo tão difícil de ser conquistado se ele observava que seu trabalho na lavoura e com a natureza sempre lhes trazia frutos em abundância?

Aquela vida financeira minguada não seguia as regras da natureza e ele não aceitava aquela condição. Queria vencer na vida em todas as áreas. Queria vida abundante em todos os aspectos. Como um bom cristão, tinha a fé alicerçada na vida abundante e não na escassez.

Com sua vida na colônia, aprendeu muito. Tinha no coração e na mente uma certeza de que iria vencer na vida:

- Vou vencer minhas batalhas e provar que é possível vencer toda e qualquer dificuldade na vida! Ah! Mas vou mesmo! Dizia ele para si mesmo com muita confiança e determinação.

Teve o privilégio de ser criado por pessoas que lhe ajudaram muito em seu crescimento e desenvolvimento. Seus pais adotivos além de lhe ensinarem os princípio da moral cristã e lhe darem um caráter firme, sempre lhe incentivava os estudos.

Após a quarta série, não podendo mais continuar com aquela família, precisava encontrar outro lugar para ficar e prosseguir seus estudos. Foi adotado pela família Guilof.

O Sr. Arno e Ruth Gielow, tinham outros duas filhas, Verena e Karin sendo que a Verena era diretora do Ginásio Emílio Baungarten, que abrangia os anos finais do ensino fundamental de 5ª a 8ª série. Foi no período em que morava com eles que Ademar conseguiu formar seu ensino fundamental.

A segunda família que o adotou, por gozarem de uma vida financeira e uma estrutura educacional mais elevada e firme, lhe deram tanto apoio e educação que ele realmente reconhece até os dias de hoje o quanto que, sem eles, tanto a família Baehr quanto os Gielow, seria impossível alcançar o que ele alcançou e se tornou em sua vida.

Quando finalizou o seu ensino fundamental, D. Verena, sabia que ele precisava continuar seus estudos, pois via em Ademar um futuro brilhante. Decidiu interferir mais uma vez. Durante todo o tempo que passou com aquela jovem criança, viu-o se transformar em um jovem esforçado e muito determinado. Ela não podia ficar indiferente.

Conversou com sua Irmã Karen, sobre Ademar e como ela poderia ajudar um jovem tão inteligente e promissor. Karen então, casada com o Dr. Edmar Koelber, decidiu conversar com ele sobre os planos da irmã para aquele jovem garoto.

Dr. Ademar Schönfelder, Saúde Fácil em Tempos difíceis

Dr. Edemar, trabalhava como anestesista nos três principais hospitais na cidade de Blumenau. Ele era um dos pouquíssimos anestesistas dos Hospitais Santa Izabel, Santo Antônio e Santa Catarina, naquele tempo.

Ao ouvir a história do jovem Ademar, e, já o tendo conhecido e visto na casa de D. Verena, sabia de seu potencial. Karen e Edmar conversaram por longas horas naquela noite e concordaram que precisavam fazer alguma coisa. Decidiram então trazer o Ademar para morar e viver com eles. Passaram a trata-lo como um filho.

Morando com este grande médico e sua finíssima esposa D. Karen, foi que Ademar começou a solidificara sua ideia de trabalhar na área da Saúde. Olhava para o Dr. Edmar Koelbel com muita admiração e vendo-o todo vestido de branco e conversando sobre os pacientes dos hospitais, se sentia motivado e inspirado. Pensava que talvez esse seria realmente o caminho que ele queria seguir num futuro bem próximo.

Na época ele acelerou seus estudos fazendo seu ensino médio por meio do programa "Pontinho estudantil", que abreviava o ensino médio para apenas dois anos de estudos intensivos.

Ele agora já não morava mais junto com os colonos, mas nunca se esquecera de sua vida na colônia e sua convivência com a natureza que sempre cercou sua vida infantil e juvenil. Seus sonhos de ser alguém importante na área da saúde e que fizesse diferença, vinha desse lugar.

Ademar nasceu com uma curiosidade natural, perguntava tudo, queria saber de tudo. Sempre queria investigar melhor a saúde pelo prisma da medicina natural. Continuamente vinha em sua mente sonhadora o seguinte pensamento:

- Deus deixou tanta planta, tantas raízes com propriedades terapêuticas e curativas incríveis! Por que não utilizar essa fonte para ter uma vida de qualidade? Principalmente na fase da terceira idade, onde os sofrimentos se acumulam?

Estava sempre cheio de questionamentos. Queria ter longevidade, mas não apenas uma vida longa. Queria muito mais do que isso; queria viver muitos anos, mas também queria ter os dias de sua velhice repletos de muito bem estar.

Mesmo sendo tão jovem Ademar não acreditava que a velhice deveria ser acompanhada de dores, de problemas de saúde que até dificultavam a locomoção do idoso.

Estranhamente essa ideia da saúde e de bem estar ligada à natureza o acompanhou desde sua tenra infância e foi se fixando e amadurecendo na medida em que se tornava um jovem adulto.

Sua vontade de vencer na vida não se restringia a ser rico, ter liberdade financeira, possuir uma boa vida, não! Queria aprender também o cuidado, o autocuidado com um envelhecimento sadio e uma vida saudável todo o tempo, de forma autossustentável.

Ainda morando com Dr. Edemar, passou por momentos cruciais e dolorosos que o impulsionavam na direção da busca pela saúde. Sempre fora uma criança e um jovem bastante saudável. Porém algo terrível estava reservado para seus próximos dias.

Dr. Ademar Schönfelder, Saúde Fácil em Tempos difíceis

Foi em uma das férias de final de ano. Como sempre acontecia, ele gostava de aproveitar suas férias para ficar em casa cuidando e limpando tanto a casa quanto o terreiro e fazendo pequenos consertos em portas e cuidando do quintal.

Sendo o verão extremamente quente nessa região e já exausto por uma agenda tão intensa de trabalho nos hospitais, Dr. Edemar foi convencido pela esposa a sair para descansar por uma semana. Decidiram ir para a praia.

Chamaram e insistiram com Ademar para que ele esquecesse os trabalhos de casa por uma semana apenas e viesse com eles, Mas Ademar preferiu ficar em casa estudando e cuidando da casa.

Depois de apenas alguns poucos dias na praia, numa sexta-feira, quando começava a anoitecer Dr. Edmar ligou para Ademar dizendo que estava voltando pra casa porque o pai do médico que o estava substituindo no seu plantão dos hospitais, havia falecido e estavam chamando-o de volta.

Edmar sabia que Ademar era muito zeloso e cuidava bem da casa e dos afazeres domésticos quando eles não estavam. Para não deixá-lo tenso com sua volta repentina decidiu tranquilizá-lo:

-	Ademar você não precisa fazer almoço nesse fim de semana, apenas fique em casa para quando eu chegar você abrir a porta para mim.

Ademar sabia que ele demoraria algumas horas para chegar em casa. Estavam na praia de Balneário de Camboriú que ficava bem próximo de Blumenau . Aproveitou aquele tempo que tinha para deixar a casa bem limpinha.

Edmar depois que desligou o telefone decidiu deixar a esposa e os outros dois filhos aproveitando as férias e voltou sozinho. Chegando em casa, trocou de roupa e observando a limpeza da casa comentou sorrindo com um certo ar de satisfação:

-       Eu te falei que não precisava limpar a casa Ademar, mas de qualquer forma ficou muito bom. Obrigado por ser tão prestativo. Foi até a cozinha como se procurasse algo para comer, mas apenas tomou um copo de água e percebeu que Ademar o seguia como quem não tinha mais nada para fazer e estava querendo companhia.

-       Você está se sentindo muito sozinho não é mesmo? Não precisa ficar dentro de casa durante o sábado, pode vir comigo para os hospitais! O que acha? Tenho que fazer minhas visitas rotineiras e você pode me fazer companhia... Quem sabe não aprende alguma coisa diferente? Ademar ficou muito entusiasmado e ansioso para que o dia seguinte chegasse mais rápido.

No sábado pela manhã, ele levantou, escovou os dentes, tomou seu café e sentiu uma leve pontada de dor de cabeça. Fechou os olhos para aliviar a dor e logo se sentiu melhor. Ficou com a cabeça levemente dolorida e começou a preparar o café para o Dr. Edemar. Assim acabou se esquecendo daquela dor.

Estava entusiasmado e pensava na oportunidade de passar o dia todo dentro dos hospitais aprendendo coisas sobre saúde e medicina, estava tão ansioso que nem deu atenção àquela dor de cabeça que ia e vinha. Saíram logo após o café.

Passaram no hospital Santa Catarina, visitaram diversos leitos e terminaram o dia no Hospital Santa Izabel. Quando terminaram as visitas, já havia anoitecido e decidiram comer um sanduiche por ali mesmo. Chegaram em casa exaustos, tomaram um banho e foram imediatamente para a cama.

No domingo de madrugada Ademar acordou com aquela dor de cabeça multiplicada por mil. Mal conseguia colocar os pés no chão. A dor era terrível. Parecia que sua cabeça ia explodir. Nunca havia sentido tanta dor assim antes.

Não conseguia ficar nem assentado, nem deitado ou mesmo andando. Quando deitava a dor parecia aumentar e foi ficando profundamente agoniado com aquela dor que não passava. Eram quatro horas da manhã.

Sem saber o que fazer, já fazendo uma hora que suportava aquela dor, desesperado foi ao quarto onde Dr. Edmar estava dormindo e o chamou falando de sua dor de cabeça insuportável:

-	Desculpe Dr. Edmar te acordar depois de um dia tão cansativo, como foi o dia de ontem, mas estou ficando desesperado. Desde quatro horas da manhã que acordei com uma dor de cabeça que está me enlouquecendo...

-	Quando foi a primeira vez que você a sentiu? Perguntou o médico ainda sonolento.

-	Ontem eu já estava com um pouco, mas ela realmente piorou de madrugada... Por isso estou lhe incomodando... Disse Ademar tentando se desculpar.

50

- De jeito nenhum... Sua saúde em primeiro lugar! Disse dr. Edmar se levantando. Espera um pouquinho lá na sala que vou preparar uma injeção para você...

Ademar se retirou e ficou andando de um lado para o outro, pisando o mais leve possível porque a cada pisada eram como se milhares de agulhas saíssem de seu pé e cravavam no topo de sua cabeça. Apertava suas têmporas tentando aliviar um pouco.

Edmar chegou na sala em menos de três minutos já com uma seringa nas mãos, com o cabelo ainda despenteado e descalço. Pediu para que Ademar levantasse a manga de sua camisa e aplicou-lhe uma injeção.

A dor de cabeça era tão intensa que Ademar nem sentiu a picada da agulha. Imediatamente sentiu seu estomago dar reviravoltas. Viu e sentiu como se toda a sala estivesse rodando. Por um momento pensou que iria desmaiar. Seu estomago revirou. Não teve tempo para ir ao banheiro, correu para a janela e vomitou abundantemente ali mesmo.

Respirou fundo aquele ar frio que vinha de fora. Apesar da dor continuar muito forte sentiu um pouco mais de alívio. Olhou para Edmar ainda um pouco tonto e escorando na parece se assentou no sofá, suspirando alto. Parecia suar frio.

-Vamos voltar para a cama porque daqui a pouco tenho que trabalhar. Assim que eu levantar vou lá no seu quarto para ver se a injeção fez o efeito que eu estou esperando. Se não fizer, terei que te levar para o hospital! Disse Dr. Edmar bocejando e se virando em direção ao seu quarto.

Dr. Ademar Schönfelder, Saúde Fácil em Tempos difíceis

Com alguma dificuldade, Ademar voltou também para o seu quanto e se cobriu com o cobertor. Sentia-se enjoado e sua cabeça girava. Respirou fundo novamente e fechou os olhos na esperança de adormecer logo.

Quando eram sete horas da manha, Dr. Edmar se levantou, escovou os dentes, lavou o rosto e foi logo até o quarto onde viu Ademar assentado, apertando suas frontes e gemendo de dor. Preocupado indagou:

- E aí Ademar, Não melhorou nada??

- Não! Parece que estou piorando! Agora não estou conseguindo sentir minhas mãos, estou todo estranho, como se estivesse ficando paralisado... Acho que estou morrendo...

- Então vamos rapidamente para o hospital. Vista sua roupa, calce seus sapatos, porque isso está me parecendo muito mais grave do que uma simples intoxicação alimentar.

Chegando no hospital Santo Antônio, foi atendido imediatamente e os médicos fizeram exames de urgência, fizeram uma punção do líquido da coluna vertebral e constataram imediatamente que ele estava com meningite meningocócica. Era uma bactéria letal naquela época. Ademar ficou apavorado quando foi informado, por alguns instantes se desesperou. Ele nem imaginava tudo o que ele iria passar nos próximos dias!

Sua internação durou vinte e um dias. Os médicos o colocaram de cabeça para baixo. De tempos em tempos chegava um enfermeiro ou enfermeira e lhe aplicava uma injeção. Depois vinham com alguns antibióticos.

Nestes dias, ele precisou ficar isolado, ninguém podia entrar em seu quarto. Não era permitido nenhuma visita, os profissionais entravam com máscaras no rosto e com uma tensão no olhar. A bactéria que lhe causou essa doença podia ser transmitida através da fala, tosse, espirros e beijos, passando da garganta de uma pessoa para outra.

Todas as suas necessidades fisiológicas, ele tinha que fazer de cabeça para baixo. Várias vezes os médicos vinham e lhe furavam a coluna para coletar líquido para ver o desenvolvimento da enfermidade. Sofria dores atrozes, tanto em sua cabeça quanto em sua coluna.

Ademar sabia que aquilo que estava acontecendo com ele era sério e poderia até morrer. Tinha medo de falecer sem alcançar os seus sonhos e planos. Por alguns instantes pensava até em desistir de sua própria vida, por causa de tanto sofrimento.

 Depois de dezesseis dias de dores atrozes e desconforto descomunal, começou a melhorar. Respirava um pouco mais aliviado, agradecia à Deus e pedia que lhe desse uma chance de viver mais alguns anos.

Passou vinte um dias de cabeça para baixo, tomando muito soro e se alimentando nessa posição desconfortável. Passou muita luta, dores e sofrimentos. Seus pensamentos vagavam ora com medo, ora com força e esperança. De vez em quando era assolado por pensamentos pessimistas e de morte.

Enquanto estava ali padecendo física e emocionalmente pensava em como tudo tinha acontecido tão rápido e como parecia ter algo estranho por detrás de tudo aquilo. Depois que passou um turbilhão de pensamentos Ademar passou a ver que havia algo de bom em tudo aquilo.

Ele estava sozinho naquela sexta-feira à noite quando sentiu as primeiras dores. Se nada tivesse acontecido, talvez ele teria piorado no sábado e no domingo. Sozinho ele teria procurado o hospital só na segunda-feira. E ... Seria tarde demais.

Estava com uma doença que poderia tê-lo matado em menos de 24 horas. Mas em vez disso, o que aconteceu? Dr. Edmar é avisado que o pai do médico que o substituía falecera e ele precisava voltar com urgência para a cidade. Teve que deixar sua esposa gozando daquelas férias na praia, voltar antes mesmo do término de seu periodo de férias.

Ao chegar em casa e vendo a sua solidão, decide leva-lo para as visitas nos hospitais e assim acaba ficando com Ademar todo o dia. Na noite em que realmente a doença se intensificou ele pôde socorrê-lo a tempo.

Poderia ter morrido com dores fortíssimas e sozinho em casa. Afinal de contas não conhecia nenhum de seus vizinhos e nem sequer tinha para quem telefonar pedindo Socorro. Mas parecia que alguma força invisível tinha outros planos e cuidou para que tudo seguisse em uma outra direção: a de seu restabelecimento.

Parecia que tudo fora orquestrado por uma mente inteligente e que governava tudo. Ademar passou a pensar desse jeito e sua fé e confiança em Deus aumentou tremendamente depois que tudo passou.

Quando saiu do hospital, completamente recuperado, Ademar tinha uma nova perspectiva da vida. Sabia que tudo era muito frágil e poderia se acabar num estalar dos dedos. Mas também descobriu a força da vida que estava nele a ponto de vencer qualquer bactéria ou vírus mortal. Via a si mesmo com uma fragilidade extrema e, ao mesmo tempo percebia que um poder imensurável habitava simultaneamente em si e em todo ser humano. Era assim que passou a ver a existência.

Durante sua vida com seus pais adotivos, sempre foi uma criança e um adolescente muito reservado. Sentia que estava vivendo de muitos favores de seus pais. Ele os via lavando suas roupas, passando e cuidando dele com alimentação e educação, sabendo que não tinham nenhuma obrigação de fazer aquilo.

Quando chegou sua adolescência e começou a perceber o quanto precisava de dinheiro para ter uma vida social mais dinâmica, ficava sempre retraído em pedir seus pais adotivos algum dinheiro para saídas com amigos e garotas. Por isso preferia ficar em casa estudando.

Por mais carinhosos que seus pais fossem e eram, por mais atenção que lhe dessem, a sensação inconsciente de que estava sendo cuidado por pessoas que não tinham nenhuma obrigação em cuidar dele o mantinha sempre na defensiva. Assim procurava dar o mínimo de trabalho possível e sempre oferecer alguma coisa em troca de seu apoio financeiro e cuidados cotidianos.

Vivendo essas situações constrangedoras de precisar de algum dinheiro e não ter coragem para pedir seus pais adotivos, sentia a falta de um pai ou de uma mãe que pudesse recorrer em momentos como esses ou quando enfrentava alguma dificuldade e precisava de algum conselho materno ou paterno.

Sentia muita falta quando errava e precisava de um pai ou uma mãe que o ajudasse a superar seus limites e o ajudasse a consertar seus erros. Toda e qualquer falha ou erro cometido por ele, sabia que estava sozinho e tinha que colher todas as consequências, sem nenhum apoio afetivo. Se considerava, portanto, um sobrevivente.

Todos os seus pais adotivos sempre foram muito carinhosos com ele, mas Ademar sabia que eles não eram seus pais verdadeiros e por isso, sempre havia uma grande lacuna na relação entre eles. Uma lacuna invisível e que nunca desaparecia de sua mente, nem de seu coração.

Em 1981, completando seus dezoito anos, se alistou para o exército por causa da obrigatoriedade. Não tinha nenhuma intenção em servir as forças armadas, não queria desperdiçar seu tempo com essa obrigação. Por isso no ano seguinte, decidiu não se apresentar.

Ainda jovem e já estava convicto que queria trabalhar com a saúde do ser humano. Foi quando recebeu uma carta das forças armadas convocando-o a comparecer e, caso não se apresentasse imediatamente seria buscado por representantes do exército e levado preso.

Assustado e não tendo outra opção, foi obrigado a servir um ano no exército. Ficou aquele ano no Pelopes, que era o Pelotão de Operações Especiais. Ali aprendeu a disciplina, a obediência a autoridades e principalmente o trabalho em equipe.

As experiências no serviço militar o fizeram a acreditar que toda pessoa é capaz de suportar muita coisa. As dificuldades e os difíceis exercícios de treinamento eram extremos. Aprendeu a

56

respeitar os colegas, a se dedicar aos compromissos que eram colocados para serem executados. Tarefa dada era tarefa cumprida!

De certa forma, durante esse tempo, começou a pensar em como iria entrar para a área da saúde. Ele já sabia que para alguém chegar saudável em uma idade mais avançada era necessário começar cedo os devidos cuidados. Como ele poderia começar seu trabalho? Queria trabalhar em algum lugar ligado a saúde assim que saísse do exército.

Quando terminou o ano e foi dispensado do exército foi morar em Pomerode. Nessa cidade encontrou uma linda jovem que se chamava Alice Bieging. O relacionamento começou com muita seriedade e compromisso.

Quando começaram a se conhecer, ele percebendo que ela seria uma boa companheira, deixou bem claro para ela que não queria ficar namorando ou perdendo muito tempo com tudo aquilo. Sabia o que queria e deixou isso bem Claro:

-       Alice, estou gostando muito de você e parece que você também está gostando de mim. Tenho muitos planos para o futuro, quero construir uma família e também me tornar um bom profissional...

-       Que bom Ademar! Eu realmente sinto que nós nascemos um para o outro e quero realmente estar do seu lado. Meus pais acreditam que você é o rapaz certo para mim. Estou muito feliz! E se abraçaram movidos por essa decisão.

O tempo passava rapidamente. Eles se apaixonaram e o relacionamento era tão agradável que logo Ademar lhe propôs em casamento e queria que isso fosse o mais rápido possível. Cada dia que passava e ela conhecia a fibra e o caráter do jovem Ademar mais ela ficava consciente de que aquele jovem iria ser um grande homem e ela queria estar sempre ao lado dele.

Saindo do exército e chegando em Pomerode, Ademar conseguiu trabalho na drogaria e farmácia Catarinense, como estoquista. Foi seu primeiro contato com a saúde, embora ali ele tinha muito mais contato com doentes e doença do que com a saúde, mas já era um bom começo dentro de seus planos. Alice trabalhava na empresa de porcelanas Schmidt e nos quatro anos que se seguiram os dois trabalharam arduamente para construírem sua casa.

Os pais de Alice, decidiram dar uma força para o jovem casal e os incentivaram a construir sua casa ao lado de onde moravam. Alice e Ademar se apoiavam com bastante entusiasmo, poupavam dinheiro, investiam na construção da casa e, quando chegou o dia de seu casamento, já podiam entrar em sua casa própria.

Se casaram quando ele tinha 24 anos e Alice estava com 23 anos. Foi uma cerimonia cheia de muito carinho, simplicidade e muita fé. Todos os presentes puderam testemunhar a felicidade e a disposição daqueles dois jovens em construírem, não somente uma vida de sucesso, mas principalmente uma família saudável e de bem com a vida.

Alice Bieging Schönfelder saiu daquele altar com a confiança de que seria sempre um grande esteio para Ademar. Conhecia sua luta e sua disposição em fazer algo diferente na área de saúde e estava disposta a ajuda-lo no que fosse preciso.

Desse casamento tiveram duas filhas. Aline Suellen Schönfelder, nascida em 1990, depois nasceu Deborah Caroline Schönfelder, em 1994.   Durante a infância de suas duas meninas passaram alguns desafios, momentos bastante difíceis que enfrentaram e venceram juntos.

Nos primeiros meses do ano 2000, sua mãe ficou diabética e muito doente. Seu irmão mais novo, foi até a farmácia onde ele trabalhava e pediu que fosse até a casa deles porque tinham um assunto muito sério para tratar. Ademar estranhou um pouco porque apesar do carinho que tinha pelos irmãos, a distância com que foram criados, não lhe dava um sentimento de intimidade como se espera de uma família.

Ao meio dia, comeu rapidamente, avisou sua esposa que iria ver sua família, beijou suas filhinhas e saiu. Chegando lá, os irmãos já o esperavam assentados na sala. Entrou e como sempre, não se sentia completamente à vontade. O irmão mais velho pigarreou e disse:

- Ademar, nossa mãe está muito doente, já está velhinha e alguém precisa ficar por conta para cuidar dela. Logo sua irmã completou:

- É! E estamos com dificuldade de saber qual irmão vai fazer isso, eu por exemplo não posso e nem tenho condições financeiras para isso.

- Eu também não, estou trabalhando muito e não tenho tempo...

Ademar já percebendo que os irmãos queriam jogar a sua mãe em suas costas, com muito carinho lhes disse:

- Meus irmãos, vocês sabem muito bem, que eu não fui criado pela nossa mãe, eu estava com três anos de idade quando ela, por falta de condições econômicas, me entregou para que outros me criassem e se tornassem meus pais. Agora estou casado, tenho duas meninas pequenas, tenho minha própria família. Como vocês querem que eu faça isso? Não tenho tempo!

- Não, não queremos que seja exatamente você, mas alguém precisa cuidar dela. Temos uma proposta para te fazer. Por alguns instantes fezse um silêncio estranho naquela sala.

- Se você abrir mão do direito a herança de nossa mãe nós arrumamos uma maneira de cuidar dela. O que acha? Ademar olhou para seus quatro irmãos e percebeu que eles, desde o início da conversa, estavam apenas interessados na questão da herança. Queriam que ele abrisse mão da parte de sua herança.

- Eu não acredito que vocês estão me fazendo essa proposta! Disse indignado. Cresci sem o apoio de pai, assim como vocês também. Não tive vocês como família e nem a companhia e o carinho de nossa mãe. Agora vocês simplesmente chegam e querem que eu abra mão da minha parte da herança? Façam-me o favor!

- Não queremos que você fique ofendido, mas essa é a única forma que encontramos para custear os cuidados com nossa mãe...!

- Vou voltar para a farmácia! Ademar ficou muito afetado com o posicionamento de seus irmãos e não queria decidir nada de cabeça quente.

- Meu horário de almoço está terminando e tenho que voltar para trabalhar. A noite vou conversar com Alice e no fim de semana lhes dou uma resposta. Antes de sair, foi até o quarto de sua mãe e vendo-a tão debilitada sentiu uma certa comoção. Olhou para ela e não a via como sua mãe, mas sim como um ser humano que estava ali, deitada e sofrendo. Seu sentimento de humanidade o fazia pensar que algo precisava ser feito.

Voltou rapidamente para a farmácia e depois do jantar, quando colocaram as duas meninas para dormir, estando no quarto, já deitados para dormir, Ademar falou para Alice toda a conversa que teve com os irmãos naquela tarde.

Ela ouvia-o atento e com um semblante um pouco indignada, lhe passou a mão no rosto carinhosamente. Apertou-lhe a mão e lhe disse:

- Você sabe Ademar que eu te apoio em toda decisão que você tomar. É a sua família! É a sua mãe! Então não vou dar nenhum palpite. O que você decidir eu estou com você.

- Apesar de ser minha família de sangue Alice, você sabe que não tenho sentimentos familiares para com eles, afinal de contas passei toda minha infância longe do convívio com eles...

Querendo ou não, faço parte daquela família! Achei injusto eles quererem que eu abra mão da minha parte da herança, mas preciso decidir o que fazer... Ademar ficou pensativo enquanto Alice apenas lhe fazia companhia.

Sabia que ela o apoiaria em qualquer decisão que tomasse. Dormiu mal naquela noite, pensando em tudo o que eles haviam falado. Precisava dar uma resposta. Como estava cheio de planos e já havia começado a estudar Naturologia, pelo Instituto Sul Americano de Naturologia Aplicada nos meados de 1998, não teria tempo para cuidar de sua mãe. Além disso, agora tinha sua própria família para se preocupar.

De manhã cedo decidiu acabar logo com aquela situação. Levantou mais cedo que de costume e, antes de ir para o trabalho, passou na casa de seus irmãos. Foi recebido pelo seu irmão do meio e foi logo dizendo que abriria mão da herança desde que eles fizessem um compromisso de cuidarem bem de sua mãe.

Enquanto estavam conversando na cozinha, um outro irmão chegou e ficou ouvindo atentamente tudo o que Ademar estava dizendo. Chegou e logo perguntou se ele já tinha decidido sobre a proposta dos outros irmãos.

- Sim, você não ouviu o que ele disse agorinha mesmo?

- Não, eu estava lavando o rosto...

- Pois é isso mesmo, Ele abriu mão da herança e quer que prometemos que vamos cuidar da mãe...

- Claro que vamos cuidar da mãe! Pode voltar pra sua família tranquilo.
Disse ele em tom irônico!

Ele percebeu a alegria daqueles dois irmãos enquanto o ouvia pedir mais uma vez que não deixassem a mãe deles desamparada e ignorando a ironia e a alegria deles, deu as costas e foi trabalhar. Sentiu como se um peso saísse de suas costas. Era um assunto que deixaria para trás, pensava. Mas ele estava muito enganado.

Estava tão envolvido com os finais de seus estudos em Naturologia, com o dia a dia de sua família, que esse assunto logo ficou esquecido. Sua vida se resumia em estudar, cuidar da família e de Alice e, aos domingos, ir para as reuniões da igreja.

Em um Domingo pela manhã, depois de voltar da igreja, estava descansando junto com suas crianças quando Alice entrou pela sala com um vaso de uma planta que estava morrendo.

- Veja Ademar, eu tenho três vazinhos dessa planta aqui na varanda e resolvi colocar essa aqui para fora para tomar um pouco de sol e esqueci dela, hoje fui olhar e ela esta toda queimada... Estranho não é mesmo?

- As outras estão bem?

- Sim verdinhas, inclusive eu tinha deixado mais dessa mesma planta lá no sol e elas continuam lindas e verdinhas também! O que será que aconteceu com essa aqui? Ademar se levantou e pegou a planta, foi lá fora e pegou uma outra idêntica. Analisou olhou e não podia entender o que aconteceu, mas prometeu para Alice que iria descobrir o que aconteceu.

Passou uma semana fazendo alguns testes nas plantas e descobriu algo muito interessante. A planta que permanecia bonita, mesmo estando no sol tinha um componente químico que a protegia de se queimar no horário de meio dia quando o sol estava mais quente.

Quando observou a planta que estava queimada percebeu que ela também tinha o mesmo componente químico, mas em quantidade muito menor. Decidiu continuar suas pesquisas com diversas plantas.
Passou a estudar aquele fenômeno com muito afinco.

Depois de muitas análises descobriu por que as plantas que estavam dentro de casa e eram colocadas para fora acabavam ficando com as folhas queimadas e morriam. Observou que os componentes químicos, terpenos, flavonoides e bioflavonóides eram as propriedades responsáveis para proteger as folhas das plantas de se queimarem e morrerem em temperaturas muito elevada.

As plantas produziam desses componentes em alta quantidade entre os horários de meio dia e uma hora da tarde. Era exatamente isso que estava protegendo-as para não se queimarem.

Aquelas plantas que ficavam dentro de casa e depois eram expostas ao sol muito quente não tinham tempo para produzir essas propriedades químicas tão rápido a ponto de evitar que se queimassem e acabavam morrendo.

Como alguém que sempre pensou como um empreendedor e criador de realidades, vendo essa defesa química das plantas, resolveu tentar uma nova experiência. Queria isolar aquelas propriedades tão poderosas e acreditando que, se o ser humano ingerisse essas propriedades, também poderia adquirir mais resistência e qualidade de vida.

Se ele conseguisse isso iria revolucionar a qualidade de vida das pessoas e também lhe traria uma fonte econômica excelente.

Trabalhou nisso durante algum tempo. Depois de diversas tentativas desistiu porque descobriu que esses componentes químicos, antes que pudessem ser capturados, evaporavam e se perdiam no ar.

Mesmo assim não desistiu. A ideia daquelas poderosas proteínas para a saúde humana martelava em sua cabeça. Foi numa madrugada, quando perdeu o sono e foi até a cozinha tomar um copo de água, que lhe veio a mente um pensamento óbvio e muito simples:

- E se a gente ingerisse determinadas plantas comestíveis, que tivessem alto teor dessas proteínas, o que aconteceria?

Quando um ser humano ingere uma planta com propriedades químicas poderosas, sejam elas quais forem, o próprio corpo isola cada propriedade química e as envia para o próprio organismo antes que se perca. Assim mais do que nunca entendeu o processo da Naturologia. Teve uma ideia de começar uma nova experiência.

Chamou dez amigos em particular e lhes perguntou se queriam participar de experiências com plantas medicinais e uma alimentação que iria lhe dar saúde e bem estar. Esses amigos se dispuseram e assim ele começou, não somente suas pesquisas, mas também a se tornar conhecido na cidade porque muitos desses amigos passaram a se sentir muito melhor depois de experimentar o seguinte protocolo:

Ademar solicitou aos seus dez amigos, que fizessem, antes de tudo, exames para averiguar a quantidade de interferon natura que cada um possuía em seu próprio organismo. Essa proteína é a mais poderosa no combate as doenças principalmente no combate a doenças autoimunes como o caso do câncer.

Assim que saiu o resultado desses exames, com as informações retirada dos dez amigos, sugeriu que todos eles passassem a ingerir uma folha pequena de couve, todos os dias entre os horários de meio dia e uma hora. Deveriam colher as verduras e imediatamente comer.

Após trinta dias, ele refez os exames para ver se havia alguma diferença na quantidade daquela proteína em cada um deles. Para sua alegria e surpresa de seus amigos, o resultado demonstrou que todos eles tinham uma imunidade aumentada em 60% em relação ao exame inicial. 60%! Exclamou.

Na época foi algo que trouxe um animo novo e uma grande esperança para os seus planos. A partir dali Ademar sentiu que tudo seria possível. Quanto mais ele aprendesse a usar a natureza a favor da saúde e do bem estar de seus pacientes, mais sucesso ele teria em seu trabalho.

Durante o tempo que trabalhava na farmácia observou o quanto as pessoas faziam uso de muitos farmacológicos para tratar determinados de determinados sintomas e, ainda que aqueles sintomas desaparecessem, passavam a sofrer de outros males que vinham como efeitos colaterais.

Suas experiências positivas com plantas, alimentos e, suas experiências negativas com os efeitos colaterais dos remédios alopáticos, deu-lhe a certeza que seria possível produzir longevidade usando a natureza a favor das pessoas. Não somente aumentavam os dias de vida, mas principalmente a qualidade de vida daqueles anos vividos.

66

Assim começou os seus atendimentos e já com o apoio e a divulgação de seus dez amigos, começou a chegar diversos pacientes novos. Não conseguindo conciliar o trabalho na farmácia com seus atendimentos, decidiu sair da farmácia e ficou por conta apenas de cuidar das pessoas com sua metodologia de naturólogo.

Os resultados com seus novos pacientes também foram impressionantes. Logo muita gente começou a procurá-lo e ele sempre as recebia calorosamente, com muita vontade de cuidar da saúde delas. Não apenas focado em aliviar suas dores ou sintomas, mas lhe dar uma saúde e uma imunidade mais poderosa contra novas enfermidades.

Tudo parecia que ia se encaixando. Novos pacientes, novos estudos e pesquisas. Sucessos, curas e sua fama corria pela cidade. Mas um novo desafio aparecia no horizonte.

Chegou ao seu conhecimento que sua mãe estava sofrendo muito e pedia para ele ir em sua casa para visita-la. Ademar pensou que tudo estava resolvido com seus familiares de sangue, mas quando chegou na casa de sua mãe, percebeu que seus irmãos a haviam deixado praticamente abandonada.

A casa estava desarrumada e por limpar, a cozinha toda suja e com muitos utensílios na pia por lavar. Sua mãe mal conseguia se levantar da cama. Ainda que não nutrisse nenhum sentimento filial por ela, seu caráter humanitário e o grande respeito que tinha por ela, falou mais alto.

Sua mãe levou o caso a justiça e o juiz então decidiu que Ademar iria cuidar de sua mãe á partir de então. Com o apoio de sua esposa e muito esforço, cuidou dela durante sete anos fazendo o melhor que podia.

Nesses sete anos aprendeu muito sobre como um idoso sofre se não souber cuidar da saúde e se não se alimentar bem durante sua fase adulta e de juventude. Aprendeu como cuidar de idoso e as necessidades mais urgentes para que esse se recupere e tenha melhor saúde e bem estar.

Uma certa vez ele me disse:

-	Olha bem! Preste atenção no que vou lhe dizer. Se as pessoas soubessem como que gestos simples como tomar água e sol em quantidade e horários certos, o tipo de alimentação que mais lhe beneficia a sua saúde, a vida na fase acima dos 60 anos seria muito mais feliz. Elas veriam que, além de prolongar suas vidas teriam como desfrutar desses anos sem enfermidades e sem sofrimentos.

Depois que sua mãe faleceu, chegando em casa e olhando para sua esposa e suas filhas, agradeceu a Deus por ter conseguido cumprir sua missão com aquela que lhe trouxe ao mundo. Abraçou Alice e suas filhas e com lagrimas nos olhos agradeceu:

-	Obrigado querida companheira! Eu não sei o que seria da minha vida se não tivesse te encontrado. Você é muito importante para tudo o que eu fiz e ainda quero fazer na vida.

Alice e Ademar passaram por tudo o que um casal que se ama enfrenta. Algumas discussões bastante acirradas que depois vinham recheadas com muito carinho e respeito, perdão e recomeço. O relacionamento crescia e amadurecia com cada experiência que enfrentavam juntos.

Ademar era incansável em sua busca por mais informações sobre a medicina integrativa e natural. Estudou micro imunoterapia, procurou conhecer mais profundamente sobre diagnóstico e avaliação eletrônica.

Um dia uma senhora ligou para ele desesperada e falou dos problemas que seu marido R. M, já há muito vinha enfrentando. Ele tinha 60 anos, e apesar de não estar tão velho, estava muito debilitado devido o tempo que passara acamado.

Ela lhe informou que, na noite anterior, teve um sonho onde Deus lhe apareceu e lhe disse que ela precisava procurar pelo Dr. Ademar em Pomerode para que a saúde de seu marido fosse restabelecida.

Seu marido estava tão adoentado que mal conseguia se levantar. Pediulhe que fosse até a sua casa o mais rápido possível que ela não suportava mais ver seu marido sofrendo tanto. Ele era sua última esperança.

Ao ouvir aquela voz cansada e esperançosa pelo telefone, logo percebeu a grande responsabilidade que pesava sobre os seus ombros. Nunca fugira de nenhuma desafio e logo se prontificou. Marcou para o dia seguinte pela manhã. Cancelou alguns compromissos e, como o senhor não conseguia se locomover foi a casa dele. Ao chegar foi muito bem recebido. A casa parecia trazer no ar a energia de doença e apatia.

- Bom dia Minha Senhora, é aqui a residência de Sr. R. M?

- Sim! Dr. Ademar?

- Eu mesmo.

Muito prazer!

- Ai Dr. Ademar, que prazer recebe-lo em minha casa! Vamos entrando... Vamos direto para o quarto onde R. M. está deitado te aguardando... Não repare na bagunça, mas somos só nós dois e meu tempo é todo tomado com os cuidados com meu marido...

- Não se preocupe eu sei como é isso... Cuidei anos de minha mãe idosa também...

Quando entraram no quarto, as janelas e as cortinas estavam fechadas, um cheiro de carne putrefata invadia o ar. Ademar pediu que as cortinas fossem levemente abertas e as janelas escancaradas.

Os raios do sol invadiram aquele quarto lúgubre e ele então pode ver um velho deitado com os olhos semi-serrados, uma face pálida que tentava esboçar um sorriso.

- Olá Doutor! Que bom que o senhor veio! Muito obrigado! Se assente aí! Disse ele apontando um banquinho sem encosto que ficava ao lado de sua cama.

A mulher e o seu marido então começaram a lhe contar que já havia alguns anos que eles lutavam contra aquela doença nas pernas, que já tinham feito várias tentativas de cura e todas foram em vão.

Alguns meses atrás foram até São Paulo, depois para Curitiba e também em Blumenau em busca de socorro e nada. Todos os amigos e parentes, quando vinham a situação de R. M, indicavam um profissional de confiança. Até que ela ouvira falar dele e teve aquele sonho.

- Olha Dr. Ademar nós já gastamos muito dinheiro com remédios, pomadas. Com consultas com todo tipo de especialistas, mas nada ainda resolveu minha situação!

Ademar pediu que lhe mostrassem o problema. A esposa o ajudou a retirar a coberta que lhe cobria as pernas. A visão era aterradora. As pernas daquele homem pareciam as pernas de um morto-vivo. As escaras eram grandes e pareciam em decomposição. Um forte cheiro desagradável subiu até as narinas de Ademar que se controlou para não constranger o Sr. R. M.

- Veja bem, meus queridos! Eu não posso prometer nada, mas vou fazer tudo o que estiver a meu alcance. A primeira coisa que precisamos é recolher um pouco do material que está purgando de suas pernas. Vai incomodar um pouco mas não se preocupe.

Foi até seu carro, pegou materiais para coleta de material para exames. Com uma espátula esterilizada recolheu um pouco daquela secreção que saia das feridas e levou para o laboratório. Após alguns exames minuciosos descobriu que aquele homem estava infectado com uma bactéria rara, a Staphylococcus aureus.

Essa bactéria, chamada de Aureus proteus, era uma bactéria de decomposição encontrada em defundos, depois de alguns dias de morto. Praticamente suas pernas estavam literalmente com lesões de putrefação.

Pediu que lhe passassem tudo o que os outros médicos anteriores já havia prescrito para ele. Em um desses protocolos viu que, em um determinado momento, um dos médicos aconselhava a amputação das pernas.

Isso só não foi realizado porque, segundo sua esposa, naquela época, ele estava com sobrepeso, pesava cento e sessenta quilos e a amputação traria muito mais males do que benefícios para a vida do paciente.

A testemunhar isso, seu coração ficou apertado. Ele podia sentir o sofrimento e a dor, não somente do paciente, mas também de sua esposa. Aquela angústia que o dominava sempre que via o sofrimento alheio, tomou conta de seus olhos fazendo-o lacrimejar. Ali ele decidiu que iria fazer o possível e o impossível para descobrir e tratar aquele senhor.

Após a anamnese, constatando a presença da bactéria, ele sabia que tinha um trabalho quase impossível de ser resolvido rapidamente. Decidiu confiar em seus conhecimentos sobre as plantas medicinais que tinha estudado há alguns meses atrás.

Iniciou o tratamento utilizando o barbatimão para banhos diários e gel de calêndula. Anteriormente já havia utilizado aquele gel em outros pacientes e sabia dos milagres alcançados no tratamento de escaras. (Essas feridas de compressão apareciam em pacientes hospitalizados por longo tempo e tinham que ficar deitados).

Com o passar de quinze dias resultados incríveis começaram a surgir. O senhor R. M. logo começou a caminhar e podia sair até na varanda para tomar banho de sol e ver o movimento lá fora. Estava feliz e sorridente. Ficou completamente recuperado.

Com gratidão a Deus e a tudo que havia aprendido até ali, Dr Ademar respirou fundo e com o ânimo dobrado prosseguiu seu trabalho. Só um profissional da área médica, que realmente se importa com a saúde do ser humano, entenderia o que ele sentia a cada vitória que experimentava com seus protocolos. Era extremamente compensador!

Ele não sabia, mas tudo o que acontecia durante seu crescimento profissional o estava preparando para o grande evento mundial que aconteceria em breve e cujos conhecimentos seriam extremamente úteis para vencer os desafios que seriam gerados no início do sec. XXI.

Ademar estava feliz e convicto de que iria prosseguir crescendo com seu trabalho trazendo saúde para as pessoas. Foi quando, para sua surpresa e frustração, alguns tentaram impedi-lo de continuar seus atendimentos.

Durante seu horário de almoço, em casa com sua esposa e filhas, ele recebeu uma intimação judicial. Quando viu o oficial de justiça na porta de sua casa e lhe pedindo para assinar aquela intimação, não tinha a menor ideia do que poderia ser aquilo. Agradeceu e foi logo abrindo aquele papel com o carimbo da justiça, enquanto se dirigia para a sala de jantar.

Alice ao vê-lo entrando na sala de jantar, viu que estava pálido. O papel tremia em sua mão. Ela percebeu que era algo sério e para não assustar as crianças terminou rapidamente de lhes dar o almoço e as mandou brincar no quarto. Voltou rapidamente e perguntou:

-       O que foi que aconteceu Ademar? Assentado na cadeira ele pegou a intimação e colocou em suas mãos. Ela percebeu que suas mãos estavam suadas e seu olhar demonstrava profunda frustração.

Quando leu aquela intimação ficou branca como cera. Olhou para Ademar que parecia desolado e frustrado. Respirou fundo e tentando não piorar a situação mais do que já aparentava ser, preocupada perguntou:

-       Ademar de Deus! Você está branco feito cera, quer um chá para acalmar? O que realmente significa tudo isso? Ele continuou calado, olhando o papel daquela intimação judicial sem acreditar.

-       Fala logo, pelo amor de Deus! O que isso realmente significa? Vão tirar o seu direito de atender seus pacientes?

-       Querida, o hospital está me processando por exercer a medicina ilegalmente! Alice não conseguiu se conter, seu rosto ficou vermelho de raiva, esmurrou a mesa e disse:

-       Cambada de gente invejosa! Como podem fazer isso com você? Milhares de pensamentos temerosos lhe passaram pela cabeça. Onde iriam conseguir o dinheiro para sustentar a família? O que seu marido iria fazer da vida se lhe cassassem o direito de trabalhar? Alice ficou furiosa e desabafou novamente.

-       São aqueles médicos invejosos que eu sempre te falei, não podem se conter de raiva por verem seu sucesso e o bem que você tem feito para seus pacientes! Uma lagrima quente rolou sobre o seu rosto!

-       Aposto que foram eles que fizeram um complô contra você! Vêem o seu consultório sendo procurado por muitas pessoas, ficam sabendo dos resultados de sua metodologia toda voltada para a saúde e diferentemente do que eles fazem, sem nenhum efeito colateral, não aguentaram de inveja! Deu uma pausa. Sua respiração foi entrecortada por um soluço. Depois continuou:

-       Vendo que você se importa mais com a saúde do que com a doença, se ajuntaram contra você!

-       Eu sei que realmente foi isso que aconteceu minha querida e até posso imaginar de quem foi a iniciativa. Mas precisamos enfrentar tudo isso com calma! Alice enxugou os olhos, respirou profundo e levantou sua cabeça. Sabia que seu marido precisava muito de seu apoio e sua força naquele momento. Pôs sua mão sobre as mãos de Ademar carinhosamente.

-       Estou ao seu lado, meu querido! Vamos conseguir vencer mais esse desafio!

Naquele almoço dois pratos ficaram cheios. Os dois não conseguiram mais comer. Em silencio ouviam as vozes das crianças, que ao ouvirem a conversa dos dois em um tom mais alterado, voltaram para a cozinha:

- O que foi papai? O que aconteceu mamãe? Por que você ficou tão nervosa e agora vocês estão tão quietos? Em silêncio os dois se olhavam como buscando respostas um no outro. Mas nenhum dos dois tinha respostas, só temores e anseios.

Finalmente Ademar segurou firme nas mãos de Alice e olhando bem dentro de seus olhos assustados, passado o choque do primeiro momento e com os olhos ainda lacrimejantes disse:

- Querida! Não se preocupe, vamos enfrentar juntos mais essa tempestade em nossas vidas. Com sua ajuda eu sei que posso vencer!

- Pode ter certeza querido, que dependendo de mim, você já venceu. Tudo o que você já fez até agora foi magnifico e trouxe resultados maravilhosos para as pessoas. Deus vai mostrar uma saída!

- Os meses que se seguiram foram meses de grande tortura e humilhação. A cada sessão de julgamento eram acusações que o envergonhavam e o deixavam abalado. Durante aqueles dias de julgamento, Ademar chegou até pensar em desistir da própria vida.

Dependendo do andamento das acusações ele voltava para casa desanimado e descrente em sua vitória, mas sabia que Alice estava ali, sempre do seu lado. Pensava em todos os seus pacientes, nos excelentes resultados de seus atendimento e em toda a sua luta. Recobrava o animo e prosseguia. Encontraram uma forma de vencer.

A cada sessão se sentia mais forte e, no final daquele periodo tão conturbado, conseguiu provar perante a justiça que não estava fazendo exercício da medicina alopática de maneira ilegal.

O que realmente ele estava fazendo em seus atendimentos era um trabalho de prevenção das alterações metabólicas utilizando medicina Natural.

Com essa argumentação venceu todo o processo e saiu desse momento mais forte e decidido a conquistar seu direito de clinicar.

Quando terminou toda aquela querela, muitos colegas o aconselhavam a entrar com um processo de danos morais contra o hospital que o processara.

Ele pensou muito e preferiu não agir com a mesma intenção destrutiva que alguns de seus colegas de profissão. Deixou a situação como estava. Afinal ele tinha vencido e podia continuar trabalhando. Estava feliz demais para entrar em um outro processo legal.

No futuro ele acabou descobrindo que foi uma das melhores decisões que havia tomado, pois agindo assim conquistou o respeito e a simpatia de muitas pessoas da cidade e principalmente de grande parte de seus colegas médicos.

Ganhou sua liberdade para trabalhar sob a proteção da lei. Com aquele veredito ele sabia que nunca mais poderia ser processado novamente por fazer seus atendimentos. Legalmente ele estava livre de toda e qualquer acusação.

Respirou aliviado e encorajado em suas convicções. A comunidade agora sabia que ele não estava fazendo nada errado ou contra a lei. Continuou atendendo seus pacientes e decidiu fazer um curso de Nutrição clínica.

Esse curso alavancou ainda mais o seu trabalho com a recuperação da saúde de seus pacientes. O Conselho responsável por esse curso era muito forte e o é ainda nos dias de hoje (CRN 10 / SC). Assim pôde passar a prescrever sem incorrer em qualquer infração legal.

Conversando um dia com sua esposa chegaram a conclusão que todo aquele processo contra ele foi um mal que, depois de enfrentado com determinação e convicção, lhe deixou mais preparado ainda para um futuro honroso que lhe estava reservado.

Depois que fez seu curso de nutrição Ademar já não ficava mais tão preocupado em conseguir diplomas. Queria aprender mais, adquirir novos conhecimentos e assim, poder ajudar muito mais pessoas que o procurassem.

Diversos casos clínicos foram surgindo, mas alguns marcaram sua trajetória e trouxeram resultados marcantes na vida das pessoas e impregnaram sua consciência de sua missão. Dona Francisca foi um desses casos.

Ela tinha esteatose hepática e princípio de ascite. A esteatose Hepática é mais comumente conhecida como "Gordura no Fígado".

É um problema de saúde que acontece quando as células do fígado são infiltradas por células de gordura. É normal haver presença de gordura no fígado, no entanto quando este índice chega a 5% ou mais, o quadro deve ser tratado com uma certa urgência.

Já a ascite é o acúmulo de líquido livre de origem patológica na cavidade abdominal, fenômeno presente em várias doenças da prática clínica. A doença mais associada com ascite é a cirrose hepática.

Dr. Ademar indicou o uso de algumas ervas naturais e orientou novos hábitos alimentares. Observava o quanto Dona Francisca obedecia criteriosamente a tudo o que ele dizia.

- Muito bem D. Francisca, se toda pessoa que eu atendo aqui fosse tão obediente e disciplinada como a senhora, melhoraria com muito mais rapidez!

Em pouco tempo D. Francisca estava livre de sua enfermidade e passou a gozar de uma vida com mais qualidade, saúde e bem estar. Se recuperou completamente.

Dona Edite, foi outra paciente que o procurou porque tinha perdido mais de 30 quilos em menos de três meses. Durante seis meses foi acompanhada por ele que utilizando de diversos protocolos de MTC, Naturopatia, entre outros. Se recuperou em menos de seis meses.

Ele também não se esquecia do Sr. Arno, que chegou em seu consultório já quase que sem esperança de viver. Estava com câncer e a metástase já atingia o rim, o fígado e o pulmão.

Muito consciente e responsável, reconhecia que a maioria dos tratamentos dependia muito também da atitude mental e emocional do paciente. Então informou para o senhor Arno:

-        Ouve com bastante atenção senhor Arno! O senhor sabe que o seu caso é bastante grave, não sabe?

-        Sim doutor Eu sei. Respondeu ele entristecido, mas em cujo olhar se podia ver uma pequena luz de esperança.

-        Eu vou utilizar um método que se chama Canova durante seis meses para ver sua reação. Acredito que podemos reverter seu quadro patológico, mas não serei irresponsável em afirmar que este método irá funcionar para o senhor cem por cento ou para todos que têm câncer.

O que estou querendo dizer é que não lhe prometo nenhuma cura milagrosa, o que prometo é fazer tudo para que isso aconteça. Não medirei esforços e procurarei buscar tudo o que meus conhecimentos permitirem para encontrarmos uma saída para o senhor. Dr. Arno sorriu e com o olhar firme acenou com a cabeça em sinal de confiança. Dr.

Ademar prosseguiu:

- Quero acompanha-lo bem de perto para poder ver o desenvolvimento de seu tratamento. Assim ele deu início aquele tratamento com muita humildade e muita fé em Deus.

Não criou nenhuma falsa esperança no paciente, mas lhe deu sempre muito ânimo e confiança. Depois de um certo tempo viu que o câncer se reverteu. Para o paciente foi um verdadeiro milagre. Mas Ademar conhecia os mistérios da biologia humana.

Ficou muito satisfeito com seu trabalho porque sabia que câncer era algo muito sério e nem sempre se conseguia reverter. Mas nesse caso ele tinha conseguido uma grande vitória. Era uma satisfação imensurável!

Já o senhor Aldir apareceu em seu consultório depois de já ter passado por diversas cirurgias para colocar estendes e válvulas cardíacas.

Estava com algumas calcificações nas válvulas e não estava se sentindo nada bem, parecia que ia sofrer um ataque cardíaco fulminante a qualquer momento.

Nesse caso, Dr Ademar se sentiu iluminado quando lhe veio a mente o protocolo da utilização da vitamina K2 e do Magnésio Dimalato.

O Paciente fez uso durante seis meses aliado com uma dieta diferenciada. O estado de saúde daquele senhor melhorou de maneira magnífica.

Dona Vera, uma das mais antigas pacientes do Dr. Ademar, já tinha quase vinte anos que vinha se tratando com ele. Completou 80 anos com muita saúde e disposição, e servindo sempre de inspiração para aqueles que viviam próximos dela.

Estes são apenas alguns casos dentre milhares onde obteve sucesso com a abordagem e o tipo de tratamento que realizava.

Tudo isso porque ele guardava no coração aquela certeza que a natureza tem tudo o que o homem precisa para sua saúde, bastava apenas descobrir como utilizá-la em cada caso.

Depois de muita luta e muito trabalho, ele olhou para traz e, vendo os desafios que enfrentou durante seus anos de experiência com a saúde, se sentiu com muita disposição para todo e qualquer desafio que, por um acaso, o futuro pudesse lhe estar reservando.

Já com uma clínica estabelecida ao lado do hospital Santa Izabel, bem no centro da cidade de Blumenau e com o seu outro consultório em Pomerode na rua Independência no número 121. Decidiu expandir seu trabalho.

Começou a construção de uma grande clínica com o sonho de ser uma das melhores clínicas para cuidar da saúde de seus pacientes.

Com muito esforço e dolorosas economias, com o grande apoio de sua esposa e filhas, assim como também daqueles que conheciam sua competência profissional, ele planejava inaugurá-la no final de 2020.

Para Dr. Ademar o importante era se manter firme em seu fundamento de medicina natural. Como um pesquisador incansavel conheceu também a medicina integrativa, e a cura quântica.

Ele não lutava contra as doenças, todo o seu pensamento, seus protocolos sempre visava fazer seu paciente ficar saudável e com o sistema imunológico apto para combater qualquer enfermidade

82

Para além de seus atendimentos, seu maior objetivo era ensinar e educar, a todos que o procurassem, sobre o autocuidado, sobre formas eficientes de prevenção, mostrando assim como uma pessoa poderia antecipar-se a qualquer tipo de doença.

Depois que eu ouvi sobre sua longa jornada profissional e soube que ele já tinha atendido até naquela época mais de 70 mil pacientes; depois de procurar muitos desses pacientes e ouvir relatos impressionantes, percebi que Dr. Ademar estava alinhado com muitos outros médicos ao redor do mundo que tinham uma visão que dominaria a medicina do próximo século.

Eu o ouvi contar certa vez, uma alegoria muito interessante sobre essa sua maneira de ver o ser humano e as doenças. Seu olhar sistêmico esteve sempre presente em sua formação e o guiou intuitivamente para onde estava agora. Ele me dizia:

-   Se você tem um aquário e dentro dele o peixe está doente e a água está ruim, não adianta tratar do peixe porque a água vai faze-lo ficar doente novamente. Então o certo seria cuidar daquela água. A água saudável daria força e energia para que o peixe vencesse sua própria doença.

Ele considerava todo o ambiente exterior e interno do corpo humano como fonte de saúde ou de debilidades.

-   Sempre usei como base esse foco de tratar a qualidade do sangue e da saúde do corpo para que ele vencesse toda e qualquer doença. Nunca tratei dos sintomas, mas da fonte da fraqueza e da debilidade que permitia as doenças entrarem.

Dr. Ademar Schönfelder, Saúde Fácil em Tempos difíceis

E continuava entusiasmado falando de seu trabalho:

- Tive um paciente que depois de alguns atendimentos me encontrou todo feliz e me disse:

- Olha doutor Ademar! Vou te ser muito sincero! Na primeira vez que entrei em seu consultório não dei muito crédito nas coisas que me falou, mas como meu joelho doía demais e nenhum médico havia me dado alguma solução, decidi fazer tudo aquilo que o senhor me indicou e hoje não sinto nenhuma dor mais. Afirmava batendo o pé no chão para provar a firmeza e a saúde de seus joelhos.

Esse paciente nem sabia exatamente o que Dr. Ademar havia feito. Na verdade, ele nem sequer havia tratado do joelho dele diretamente, mas com seu organismo fortalecido e pronto para combater doenças, ele rapidamente se livrou daquelas dores tão incômodas e crônicas.

Assim todo e qualquer paciente que chegava até ele, era orientado a buscar alimentação terapêutica, produtos naturais, desintoxicação, desinflamação dos órgãos internos e limpeza e enriquecimento do sangue e fortalecimento da saúde.

Em todas as suas palestras e orientações aos seus pacientes, ele pedia que o individuo tivesse atitudes diferentes em relação ao seu próprio corpo e emoções. Esse ainda é o caminho que ele indica para todo aquele que deseja longevidade e saúde.

Todo o seu trabalho tinha uma relação muito intima com algo que surgia em diversos lugares no Brasil e no mundo. Era uma área da medicina que crescia e se desenvolvia sutilmente em paralelo com o movimento da medicina comum e farmacológica.

A medicina fomentada pela indústria farmacêutica era custeada e representada por laboratórios famosos, por médicos e nutricionistas que insistiam em não ver os limites dessa abordagem.

Em oposição a este tipo de medicina surgia lentamente a medicina quântica representada pela medicina natural, integrativa ou sistêmica.

Quando, no inicio de 2020 toda aquela confusão começou, eu me enveredei na tentativa de descobrir o que estava oculto por detrás de tantos conflitos que surgiram devido à pandemia do corona vírus.

Rapidamente descobri que nos bastidores da história da medicina dos séculos passados, um certo conflito já estava presente sem que nós, povo comum e simples, tivéssemos consciência dele.

O que eu vi naqueles dias, enquanto pesquisava obcecadamente a procura da verdade, era que aquele conflito antigo apenas se intensificou no período da pandemia.

Um exemplo clássico desse conflito, que vinha se arrastando por décadas, eram as dúvidas e opiniões divergentes no campo da medicina da saúde mental.

De um lado, existia a psiquiatria química que combatia os sintomas dos distúrbios químicos cerebrais com uma determinada dosagem de química industrializada.

Do outro lado tínhamos a "medicina mente-corpo" que utilizava uma variedade de técnicas desenvolvidas para fortalecer a capacidade mental de influenciar as funções corporais e aliviar ou curar os sintomas físicos.

Para se ter uma ideia das implicações desse conflito, quando se tratava de esquizofrenia total, os psiquiatras sabiam que era uma desordem na química do cérebro das mais estranhas e complexas.

Por ser uma desordem química cerebral alguns chegavam a insinuar, em forma de perguntas, se não seria possível o seu tratamento depender de determinados tipos de alimentos e da maneira como deveriam ser ingeridos.

Alguns cientistas demonstraram, fazendo experiências no ITM – Instituto de Tecnologia de Massachussets - nos E.U.A, que a química básica do cérebro era tão fluida que poderia ser transformada utilizando-se apenas de uma simples refeição.

A complexidade do equilíbrio químico do cérebro, assim como a química que percorre todo o corpo humano é intensa demais para que a medicina tradicional consiga interferir sem que o corpo reaja e traga outros desarranjos químicos. Muitos desses desarranjos (chamados de efeitos colaterais) não são esperados pelos profissionais.

A medicina mente-corpo, pensando em termos de doenças mentais, possuía uma abordagem que levava em consideração a química dos alimentos.

Para ela isso seria muito mais bem aproveitável e benigno do que a abordagem terapêutica que a maioria dos psiquiatras utilizavam naqueles dias.

Eu comecei a perceber que a medicina quântica deu um passo a frente da medicina mente-corpo. Parecia surgir com o proposito de trabalhar em busca de uma cura que vinha de aspectos mais profundos, para além das células.

Esta cura parecia utilizar técnicas terapêuticas que tinham como objetivo a mudança de uma situação ou realidade que trouxesse como resultado a saúde integral do individuo. Isto é, saber e conhecer como estava a condição física do sujeito, a situação psíquica, emocional e a forma como esse indivíduo se relacionava com todo o mundo exterior, tanto físico quanto o munda da natureza.

A saúde integral era considerada por esse seguimento profissional como sendo tudo que nos afeta e nos forma nos campos físicos, mentais, emocionais e energéticos. Levava-se em consideração, ao tratar um paciente, quais eram as suas crenças nocivas que limitavam sua capacidade de realização e de cura.

Dentro da medicina quântica as ideias e informações sempre criavam uma determinada disposição psicoemocional, e esta disposição influenciava, de uma forma ou de outra, a maneira como a pessoa enxergaria sua própria doença e sua própria vida e consequentemente o que ele optaria na busca de sua cura.

Todas essas ideias e informações que afetavam de forma direta ou indireta a saúde da pessoa, foram acolhidas principalmente durante sua fase de crescimento. Durante a infância a adolescência e juventude – Nessas fases a pessoa absorveria as informações transformando-as em suas próprias ideias de uma maneira mais intensa –

Essas ideias e informações iniciais - com comprovação científica ou não, sendo verdadeiras ou falsas - passavam a nortear os sentimentos, ações e pensamentos e, durante todas as suas vivencias, eram aperfeiçoadas e fortalecidas para formar suas estruturas mentais e emocionais fixas.

Eram exatamente essas estruturas que se tornavam padrões de comportamento. São exatamente elas que têm o poder de fazer a pessoa escolher seus alimentos, adquirir e manter determinados hábitos alimentares e modelar suas reações diante de determinada realidade.

Quando comecei a entender as bases da medicina quântica eu já sabia que determinados comportamentos das pessoas diante de certos acontecimentos eram reações que podiam bloquear, limitar ou impedir outras possibilidades na vida da pessoa.

Então essa medicina estava tentando mudar a maneira como a pessoa via sua realidade, transformar o que a pessoa queria atingir e alcançar em sua vida, a forma de ver e sentir a vida ao seu redor e também a energia psíquica e emocional que a pessoa cultivava em seu dia a dia.

A conseguir interferir tão incisivamente na pessoa, mudava-se as probabilidades dela entrar em situações que provocassem doenças e até mesmo lhe forneciam condições para melhorar sua capacidade de resistir a toda e qualquer doença.

A exemplo disso podemos citar alguém com excesso de peso e que gostaria de mudar sua realidade. Numa visão quântica descobriu-se que essa pessoa adorava massas e batatas fritas, fazendo uso cotidiano. Dentro de sua perspectiva ela não conseguia pensar na possibilidade de viver sem estes alimentos.

Quando se estudou a historia de vida dela, percebeu que todo relacionamento afetivo que ela havia criado durante sua infância com sua mãe e familiares estavam sempre presentes tais alimentos. Quando ela desassociou estes alimentos com a afetividade, teve condições de ver tanto um quanto o outro como alimentos que poderiam ser substituídos sem que houvesse algum prejuízo emocional. Ficou muito mais fácil para ela optar por alimentos mais saudáveis. Este é apenas um pequeno exemplo dentro de milhares de outros parecidos.

As pessoas que viviam no tempo do corona vírus tinham grande dificuldade para compreender o complexo funcionamento do corpo humano. Embora existissem informações abundantes sobre o tema na internet, ninguém ainda sabia, nem se interessava na prática, como exatamente o corpo afetava a mente e vice-versa.

Na vida cotidiana das pessoas não havia a disseminação do conhecimento que um corpo sadio produzia sentimentos e disposições de humor mais positivos e que, o seu contrário também era verdadeiro. Mesmo aqueles que tinham as informações sobre este assunto, não conseguiam identificar em si mesmos como isso acontecia. Da mesma maneira não conseguiam ver como sentimentos e disposições mentais negativas traziam um tipo de química que resultaria em um corpo frágil e propenso á doenças.

Uma pessoa que cultivasse o perdão, o amor, a alegria, o otimismo e outros sentimentos e reações mais positivas, com certeza teriam reações químicas no corpo que ajudariam no restabelecimento da saúde, caso seu corpo estivesse enfermo. Porém a única maneira da pessoa optar e viver tais disposições mentais e emocionais era utilizando a sua fé. Isto é, ela ouvia falar que estes sentimentos ajudavam no restabelecimento de sua saúde, acreditava nisto e passava a cultivar e trabalhar para que eles predominassem em sua vida.

Assim, como tudo na vida, a fé e o acreditar numa realidade ou verdade dita por uma outra pessoa, sempre mudaria as ações daquela pessoa que acreditou naquilo que ouviu. Já o resultado dessas ações só seria visto depois de um determinado tempo de prática.

Essa postura de optar e trabalhar por sentimentos e atitudes mentais mais elevadas também elevava a imunidade corporal, a capacidade de resistência a qualquer bactéria, vírus ou doença. Ainda que isso fosse uma verdade, poucos se importavam com isso antes da grande pandemia.

A medicina quântica também trazia uma novidade que apenas algumas pessoas se interessavam em conhecer: O alinhamento Quântico.

O alinhamento quântico de uma pessoa seria então uma espécie de busca para localizar, limpar, desapegar e des-programar a mente de ideias, crenças, sentimentos e energias limitantes e debilitantes. Depois buscava-se um trabalho que transformaria aquela antiga estrutura transformando-a em uma nova condição

90

psico-emocional que se voltava para a busca de uma vida mais saudável.

Nessa busca de transformação de dentro para fora, a Cura Quântica se utilizava de técnicas de alinhamento vibracional, como Reiki ou Barras de Access, acupuntura, plantas medicinais, além de outras alternativas que estavam sendo testadas e desenvolvidas por laboratórios e profissionais pioneiros e sérios.

Segundo o grande Guru indiano, Sadhguru, que fazia voz juntamente com outros grandes pioneiros profissionais da saúde, como doutor Lair Ribeiro e outros; o corpo humano é a melhor farmácia já inventada até os dias de hoje. O corpo humano produz química constantemente, sempre na dosagem certa, no horário correto, cujos efeitos colaterais não existem e, quando existem, são facilmente reversíveis. Segundo ele nosso corpo tem uma inteligência intrínseca que não se sabe onde ela se localiza exatamente.

O pensamento que predominava até aquele momento – primeiras duas décadas do século vinte e um - era que toda nossa inteligência vinha do cérebro, mas a verdade era que o corpo também tinha essa inteligência, talvez até bem mais sofisticada, que ficava espalhada por todos os órgãos do corpo humano.

A inteligência corporal sempre conseguiu lidar com a complexidade de um organismo como o do ser humano que, por um lado é estático e por outro, está em constante movimento e transformações incontáveis.

Quando se fala do aspecto estático do corpo humano, fala-se de como um rosto que sempre terá um aspecto semelhante e as mudanças que acontecem são tão lentas que se torna imperceptível para nossa desatenção aos mínimos detalhes.

Por isso as pessoas sempre dizem que, de repente se viram velhos, continuam se sentindo jovens ainda que cada fio de cabelo branco, cada ruga estivesse surgindo ao longo de vinte ou trinta anos.

Da mesma maneira, ainda falando sobre como o aspecto estático do corpo humano parece não sofrer alterações, podemos falar que o pulmão sempre será o pulmão, a cabeça sempre será a cabeça, os pés sempre os mesmos e assim por diante. Sempre teremos um corpo que aparentemente é o mesmo, por isso as pessoas conseguem se reconhecerem.

Por outro lado, como vimos o que acontece com os cabelos, acontece com todo o corpo de forma muito sutil com o passar dos anos. Enfim, o corpo está todo o tempo em constante transformação e movimento (renovação constante de células, produção química e funcionamento orgânico). Outros grandes cientistas também comprovam a mesma teoria.

O Dr. Deepak Chopra em seu livro Cura Quântica comentou que, um dos maiores pesquisadores da química cerebral, o Dr. Cadace Pert, fez uma afirmação com grande embasamento em diversas de suas pesquisas.

Ele afirmou que o sistema mente-corpo é uma rede de informações que a ciência da atualidade ainda não conseguiu distinguir um do outro. Por isso ele adota uma nova nomenclatura para esse sistema chamado de ser humano. A ciência até o início do século XXI ainda não conseguia dizer aonde terminava a mente, tanto em sua forma de pensar, como de sentir e agir e onde começava o funcionamento corporal.

92

Dr. Cadace Pert considerava o ser humano como um sistema inteligente, pensante e que era, ao mesmo tempo um corpo biológico. Seria um corpo que possuía inteligência em si mesmo e que pensava para além das informações contidas no cérebro. Essa visão era muito diferente de como a medicina do início do século vinte via o corpo.

Dr. Pert chamava este sistema de "corpo/mente". Neste sistema tanto o cérebro era inteligente e se comunicava com o corpo, quanto a inteligência de cada órgão e célula, também se comunicava com o cérebro. Na verdade ele não mais separava o ser humano de seu corpo. O ser humano era um organismo só com uma inteligência que passeava e permeava todas as esferas desse ser.

Deepak Chopra definiu a cura quântica como uma capacidade de um modo de consciência, a da mente, de corrigir espontaneamente alguns erros que a inteligência corporal, por algum motivo, tivesse cometido.

Em outras palavras, caso houvesse uma falha na inteligência do estômago na produção de ácidos, causando mal estar e até mesmo úlceras; o cérebro, em seu funcionamento mais profundo, agiria com uma inteligência superior para corrigir esse mau funcionamento do estômago. Trazendo novamente o controle na produção de ácidos e tornando-o novamente capaz de produzir a quantidade exata necessária para o seu bom funcionamento.

O que a medicina atual chamava de componente psicossomático das enfermidades - porque alguns profissionais da saúde já levavam em consideração que determinadas situações psicológicas e emocionais afetavam o corpo biológico - era um superficial entendimento do que a saúde quântica considerava como sendo o momento quando a consciência se fragmentava e desencadeava guerra no sistema inteligente que Pert chamou de "corpo/mente".

Na verdade, de uma maneira diferente, todo profissional da saúde considerava e sabia que o corpo biológico do ser humano, buscava todo o tempo a homeostase. A homeostase para ficar mais simples de se entender é a busca do equilíbrio, por exemplo:

Se um corpo humano entrar num ambiente mais frio que sua temperatura, ele vai enviar seu calor interno para o ambiente afim de que haja um equilíbrio entre a temperatura do corpo e do ambiente externo. Caso o equilíbrio não aconteça, o corpo precisara produzir mais calor para enviar para seu ambiente externo. Então o corpo começa a tremer para produção do calor, que é quando falamos que estamos sentindo frio. Essa reação corporal diz para o cérebro de sua incapacidade de esquentar o ambiente externo para se manter vivo. Imediatamente o cérebro faz o individuo procurar alguma forma de manter seu calor interno a despeito do frio externo. Nesse momento a pessoa busca uma roupa mais apropriada que não deixa o corpo continuar perdendo calor para o seu meio ambiente.

Assim que a pessoa se agasalha, o corpo entende que o ambiente se aqueceu e não precisa mais eliminar seu calor e se mantém na temperatura necessária para manter seu funcionamento básico e manter-se vivo.

Em outras palavras, se não existir diálogo e concordância entre as duas consciências, a do corpo e a do cérebro, o corpo passará a dar sinais (sintomas e doenças) ou então, a mente avisará antecipadamente que algo virá sobre o corpo (adoecimento mental, emocional ou espiritual).

Segundo toda essa teoria, a melhor forma de se começar a cooperar com as curas físicas é dar ao corpo o descanso que ele está exigindo e gritando por meio dos sintomas de qualquer enfermidade. Da mesma maneira, o corpo deve tomar providencias para que a mente e as energias mais profundas do ser se mantenham em níveis saudáveis.

Assim toda a questão alimentar, lugar de moradia, local de trabalho e convivência social precisa ser repensada e modificada para atender à essas exigências do equilíbrio da vida, caso contrário aquilo que era apenas um sintoma pode vir a se tornar uma doença crônica.

Em quase todos os tipos de enfermidades, o melhor remédio que se precisa ingerir é a atenção a esses sistemas integrados, mente/corpo; é preciso voltar-se para seu corpo e para o seu mundo interior com ouvidos e atenção focada em ouvir e obedecer o que o corpo ou a mente está exigindo para sua manutenção e aperfeiçoamento.

Essa postura só depende de cada um de nós e ninguém poderá fazer isso pelo outro. Cada ser humano é responsável pelo seu próprio sistema corpo/mente. Por isso sua atenção tem que ser voltada para si mesmo e só depois, para o outro e para os sistemas externos.

Toda e qualquer enfermidade nesse caso é um alerta de que está existindo um conflito entre as duas consciências e inteligências. Qualquer sintoma ou aviso, com certeza também significará alguma desarmonia com a integração entre os sistemas biológico, natural ou social.

A mente intelectual consciente, muitas vezes, além de não se aperceber desses conflitos e desarmonia, e quando o percebe não o aceita; ainda o intensifica ignorando-o ou tomando um partido como se o corpo ou a mente não formassem um todo e, como se esse todo não fizesse parte do sistema da vida do planeta.

A teoria das doenças, de acordo com a medicina tradicional, afirmava que as enfermidades eram causadas por micróbios, bactérias, vírus, carcinógenos que tinham seu lugar fora de nosso sistema mente/corpo.

Para contradizer essa ideia percebeu-se que as pessoas saudáveis podiam viver nesse mesmo meio ambiente externo hostil e perigoso, e mesmo assim elas não adoeciam. Como isso podia acontecer?

Assim era fácil concluir que a doença na verdade só ocorria quando o sistema imunológico falhava em sua função inteligente de preservar e desenvolver-se saudavelmente. Não adiantava combater os invasores externos, era necessário fortalecer e capacitar o corpo a resistir tais ataques de forma saudável.

Um bom exemplo disso foi o surgimento, na área da agricultura do modelo de agroflorestal. Que buscava por meio de plantas e intervenções naturais, copiando o sistema de florestas saudáveis, para recuperar solos e atingir produtividade de alimentos, sem a utilização de agrotóxicos, que aparentemente aliviavam as pragas das lavouras.

96

Na realidade, estes agrotóxicos, enfraqueciam a terra e o sistema da natureza. Com as agroflorestas, o combate a pragas acontecia naturalmente e os alimentos se tornavam mais saudáveis e resistentes.

Enfim, nós somos uma rede que projeta no mundo a si mesmo como corpo, emoções e ações. Essa rede que chamamos de ser humano se comunica com todos os organismos que estão fora do corpo, na terra, no ar, na agua, isto é, no meio ambiente.

Essa relação do ser humano com o seu meio ambiente, algumas vezes acontece como se fosse uma aparente guerra e inimizade. Alguns micro organismos e situações atacam o corpo humano com uma aparente ferocidade parecendo querer destruí-lo. Porém, isso é apenas aparente porque o verdadeiro intuito destes ataques é o de fortalecer e capacitar melhor o corpo para viver na terra.

Por isso uma criança, cujo corpo ainda não se adaptou ao clima, ou a condição de seu ambiente geográfico, muitas vezes adoece e sara adquirindo por meio desse processo, anticorpos e fortalecimento.

Uma criança que não fica exposta, dentro de determinados limites, á condições adversas, terá uma saúde mais frágil se comparada com aquela que precisou ficar exposta condições mais adversas.

Algumas outras vezes tanto os microorganismos, quanto o clima e condições geográficas se relacionam com o corpo humano de maneira complementar, fortalecendo e fornecendo energias necessárias para o desenvolvimento dessa rede. Como é o caso de alimentos, agua e trabalho que somos expostos e que, ao serem ingeridos ou exercitados, fortalecem o corpo em suas funções vitais.

A medicina tradicional optou por trabalhar e estudar buscando soluções apenas para um corpo aparentemente estático e não conseguia dar conta de forma efetiva do aspecto mutante deste mesmo corpo. Por isso não conseguia trazer uma saúde sistêmica ou completa e sem efeitos colaterais. Corrigia-se um problema e causava-se outro ou outros.

Mais do que técnicas, a Cura Quântica trabalha para que o individuo desenvolva e aumente o nível de consciência de si mesmo. Onde ele procurará estabelecer um equilíbrio mais saudável e uma harmonia mais refinada entre todas as partes de seu ser e de seu entorno.

Essas definições não pareciam muito palpáveis quando eu as li pela primeira vez. Eu as encarei com uma certa desconfiança, assim como meus contemporâneos. As pessoas comuns e até profissionais da saúde mais conservadores ainda eram profundamente influenciados pelo materialismo exacerbado e pela ciência cartesiana. Isso impedia que nós tivéssemos uma visão mais profunda da existência humana.

Alguns profissionais, no entanto, bem no início do século XXI, já estavam buscando tecnologias que pudessem fazer a detecção desse todo tão invisível. Estavam criando tecnologias e técnicas que podiam avaliar tudo isso. Assim fizeram surgir a biorressonância.

Em busca dessa inteligência corporal que conseguia lidar com o complexo movimento contínuo das moléculas, células e substâncias químicas em nosso corpo; procurando detectar essa inteligência que formava os órgãos individuais do corpo humano e cujas funções faziam parte do funcionamento de um todo. A nova ciência, chamada de pensamento sistêmico, procurava uma forma, cada dia mais eficiente, de lidar com o complexo sistema de vida do ser humano e suas redes de relações com o mundo externo.

Para intensificar essa questão, na década de 70 foram descobertos os neurotransmissores. Essas novas descobertas revelaram que a interação mente e corpo, emoções e matéria, pensamentos e hormônios eram muito mais maleáveis e móveis do que se podia imaginar.

Em países como Alemanha, Áustria, Suíça, Portugal e Espanha, a biorressonância já estava sendo utilizada a muitos anos por terapeutas e médicos em geral. No entanto no Brasil estava ainda engatinhando.

Essa técnica vinha demonstrando muitos resultados positivos, aumentando o interesse até mesmo de profissionais mais conservadores, embora as pessoas mais comuns, principalmente no Brasil, não tivessem conhecimento nem acesso fácil a essa tecnologia.

Se o brasileiro quisesse saber um pouco mais sobre o assunto, teria que fazer pesquisas mais específicas na internet para saber se algum profissional, próximo de sua casa ou dentro de sua cidade, estava fazendo uso dessas abordagens mais completas e destas tecnologias mais avançadas.

A "avaliação quântica" feita pela Biorressonância, apontava um feedback geral e permitia também identificar possíveis alergias, desequilíbrios e potenciais problemas de saúde que podiam ser causados por órgãos específicos em seu organismo.

Dr. Ademar já estava utilizando um aparelho de ressonância quântica, uma tecnologia semelhante, bastante avançada para seus diagnósticos. Ele procurava fazer uma excelente anamnese, utilizando de exames de sangue específicos e outros exames mais usuais.

Dizia que para entender bem esse trabalho de saúde plena e sistemática era preciso saber interpretar o que o aparelho de ressonância quântica estava informando e conhecer as possíveis intervenções que auxiliariam na recuperação da saúde, pensando sempre no estabelecimento da saúde a longo prazo.

Depois disto, era necessário fazer uma boa leitura da vida do paciente. Como eram seus relacionamentos com as pessoas, quais eram os alimentos disponíveis e fáceis de serem encontrados em seu ambiente e como ele reagia emocionalmente diante de seu trabalho e sua vida cotidiana. Somente assim, com exames comuns, a leitura quântica e um conhecimento da vida e hábitos do paciente, que era possível dr. Ademar fazer um trabalho de excelência em saúde.

Segundo ele, o sucesso de seu trabalho com seus pacientes era resultado dessa avaliação bastante individual onde procurava conhecer o máximo possível do paciente e dos recursos que a sociedade disponibilizava em termos de mais moderno, tanto de suplementos e recursos da natureza, quanto das tecnologias para os cuidados da saúde. Foi isso que determinou o seu sucesso.

Essa abordagem do paciente, não apenas focada nos sintomas, ajudava a descobrir a causa deles, assim abria-se espaço para um diagnóstico e prescrição de tratamentos mais assertivos. Todos os seus pacientes eram instruídos e orientados sobre sua metodologia e precisavam cooperar para o seu próprio restabelecimento.

Por exemplo: bactérias no organismo podiam desencadear sintomas de depressão. A Biorressonância identificava esses microorganismos e permitia tratar o problema desde a sua raiz.

Depois que li e pesquisei sobre todas essas informações básicas que me fizeram ver esse novo alvorecer de uma nova medicina; fui em direção oposta em minhas pesquisas e passei a analisar a medicina que era mais conhecida e praticada pela maioria das pessoas e pelos profissionais da área médica mais conservadores. Enquanto lia e pesquisava pensei comigo mesmo:

- No século que surgiu a ciência como a conhecemos em nossos dias, a medicina praticamente foi quem propagou e popularizou essa maneira de pensar em todos os seguimentos sociais. Isto me fez chegar à uma conclusão:

- Provavelmente agora, com o que eu começava a vislumbrar, a medicina talvez pudesse ser, mais uma vez, aquela que iria incorporar, estabelecer e propagar esse novo modelo de vida, essa nova maneira de se viver e se alimentar.

Esse era o contexto das coisas que eu estava lendo e estudando durante o primeiro mês da pandemia. A cada vídeo e informação que recebia, mais eu procurava comparar com o tipo de medicina que estava por detrás daquelas informações. Mas, deixe-me voltar a historia do Dr. Ademar.

A vida do Dr. Ademar mostrava para si mesmo, depois daqueles desafios que ele enfrentou e venceu, que quando alguém passa por grandes dificuldades, não desiste e encontra saídas, e supera, e continua a lutar, consegue conquistar seus sonhos.

O tempo passou rápido e ele viu sua filha Aline se tornar arquiteta e se casar. Sua filha mais nova, Débora se formou em biomedicina e também seguia sua vida com bastante tranquilidade e felicidade.

No final de 2017, para ser mais exato, no início do mês de setembro fiz um exame rotineiro para medir o meu PSA. Ele estava um pouco alterado.

Levei para um médico que me disse que não era para eu me preocupar, pelo menos não ainda. Solicitou o exame de toque retal e na semana seguinte lá fui eu para o exame.

Eu já estava com cinquenta anos e nunca tinha feito o exame de toque retal. Foi uma situação muito sem graça, me senti constrangido, entrei no consultório. Enquanto o urologista friamente pediu que eu me preparasse para o exame, eu tentava pensar positivamente. O exame não durou nem dois minutos.

Ele então pediu para que eu colocasse minhas roupas novamente e me assentasse. Ele retirou as luvas, lavou as mãos e assentou-se por detrás de uma pequena mesa branca começou a escrever o seu laudo.

- Então doutor? O que está acontecendo? Perguntei tenso.

- É... Você tem algo aí, meu amigo...

- Como assim? Gaguejei sentindo o sangue sumir das minhas faces.

- Olha pelo seu resultado de PSA e pelo exame que acabei de fazer, você está com câncer!

- Como assim? Eu não sinto nada! E... e... disse eu nervoso... Meus pensamentos se aceleraram... o mundo parecia desmoronar. Tentando ignorar a verdade pois eu não conseguia digeri-la de imediato, perguntei:

- É maligno doutor?

- Isso eu não posso te dizer, por isso junto com esse laudo que estou te passando, estou pedindo uma biópsia. Disse ele me estendendo duas folhas brancas de papel com o timbrado do hospital e sua assinatura.
Suas feições eram frias e indiferentes ao meu medo e ao meu desespero.

Não tive coragem de contar para ninguém de minha família. Minha mãe ficaria arrasada. Marquei a biópsia para ser realizada em um laboratório especializado e chamei um amigo que me acompanhou. Somente ele sabia o que estava acontecendo.

- Por que você não contou para sua mãe e seus irmãos?

- Até eu saber exatamente o que é, e qual a gravidade, vou mantê-los assim, sem saber.

O exame além de tão constrangedor quanto o anterior, também foi bastante dolorido. Eles aplicaram uma pomada anestésica que apenas amenizou psicologicamente a dor. Depois cobriram-me com um pano branco.

Senti que me introduziam um peça fria no reto e depois comecei ouvir uns estalos. Cada estalo que ouvia, sentia uma fisgada.

Foram doze estalos e doze fisgadas e a cada uma que passava, no estalo seguinte, a dor era maior. O resultado saiu três dias depois:

- Adenocarcinoma Acinar Usual. Gleason 7 (3+4).

Perguntei ao médico o que isso significava e ele me disse que estava com câncer maligno. Fiquei em choque! Pela primeira vez em minha vida tive certeza que iria morrer. Somente depois de alguns meses passados, depois de muitos esclarecimentos médicos que, essa ideia de que quem é diagnosticado com câncer recebe uma sentença de morte, saiu da minha cabeça.

Comuniquei minha família e todos passaram a me apoiar inteiramente. Comecei os procedimentos que os médicos indicavam. O proctologista, começou solicitando todos os exames necessários, me preparando para uma cirurgia.

Passei a pesquisar tudo sobre câncer de próstata e descobri, para um certo alívio meu, que somente um por cento das pessoas que têm esse tipo de câncer morrem. Mesmo assim ainda continuei preocupado.

Nas minhas pesquisas acabei descobrindo que em São Paulo havia um certo conflito entre os proctologistas que defendiam a Prostatectomia radical que é a retirada total da próstata infectada pelo câncer, e os radiologistas que indicavam o tratamento com a radioterapia que era menos invasivo.

Quando vi que existia essa questão, decidi procurar um médico da medicina integrativa para analisar meu caso. Não procurei o Dr. Ademar porque já estava morando em Minas Gerais naquela época.

Antes da minha visita a esse nutricionista clínico, fui ao hospital especializado em cirurgias desse tipo e logo dei andamento nos papéis. Estava assustado demais e o medo me fez querer tirar aquilo de mim o mais rápido possível.

Próximos do dia da cirurgia então tive a consulta com o médico integrativo. Ele explicou que a prostatectomia radical era uma cirurgia indicada com intuito de tratar o paciente que tinham câncer de próstata localizado, ou seja, quando a doença estava confinada na próstata e dentro dos limites da cápsula prostática.

Me disse também que mais de 70% dos pacientes tratados exclusivamente pela cirurgia radical não sofriam mais com a doença.

Por outro lado, continuou ele, a radioterapia também pode ser utilizada em seu caso porque o seu câncer está bem restrito em uma área da próstata e foi diagnosticado com muita antecedência.

Todos os dois procedimentos traziam algumas sequelas, me disse firmemente. Mas se você cuidar da saúde com certeza sairá dessa sem nenhum problema.

Eu não fiquei satisfeito, porque na verdade ele colocava a radioterapia e a cirurgia no mesmo nível e estava deixando para que eu decidisse entre duas opções que pareciam iguais.

Para me certificar qual das duas opções era a mais viável decidi colocar uma pergunta para aquele médico que com certeza me mostraria a melhor opção no meu caso.

-        Doutor, se fosse o senhor que estivesse em minha situação, faria a cirurgia que já está quase marcada ou optaria para fazer a radioterapia? Ele respirou fundo. Olhou nos meus olhos e respondeu:

-        Cada caso de câncer tem que ser estudado individualmente, no seu caso específico, se fosse eu , eu nem pensaria na hipótese de fazer uma cirurgia. Se tivesse que escolher entre esses dois procedimentos, eu optaria pela radioterapia. Saí dali aliviado.

Coloquei toda a situação para meus irmãos e minha mãe que deixaram a decisão final em minhas mãos. Corri novamente para a internet e pesquisei outros tratamentos. Vi muitos outros protocolos, mas queria cuidar da minha saúde como já havia aprendido com o Dr. Ademar.

Uma semana antes do dia da cirurgia marquei uma consulta com o proctologista cirurgião e disse que havia desistido da cirurgia, que não me exporia àquele procedimento invasivo.

O médico reagiu de uma maneira muito estranha, ficou nervoso comigo, disse que eu estava arriscando a minha própria vida, que eu deveria pensar direito. Parecia que ele queria de todo jeito fazer aquela cirurgia.

Ouvi vídeos e li muitas críticas na internet que diziam que alguns cirurgiões faziam questão de indicar cirurgias, mesmo tendo outras alternativas menos invasivas, porque eles recebiam, parte de seus salários, baseados nas cirurgias que realizavam. A reação daquele médico parecia endossar aquelas críticas.

Pedi que ele me indicasse um radioterapeuta, o que ele fez a contragosto. Com o rosto contraído e mal humorado disse que indicaria um radioterapeuta amigo dele que era muito competente no que fazia.

Peguei o nome do médico, o hospital aonde ele atendia e fui embora. Pensei várias vezes em ligar e marcar para começar as sessões de radioterapia. Mas já estava mais calmo e decidi me preparar melhor para aquele procedimento. Eu sabia que o tipo de câncer que eu tinha evoluiria muito devagar. Eu tinha tempo para me preparar.

De outubro até janeiro de 2018 decidi não fazer nada. Sob a supervisão de um profissional da saúde profilática, mudei minha alimentação e meu estilo de vida.

Chamei minha mãe para mudarmos para o meu sítio que ficava distante até mesmo de uma pequena cidade de interior. Era uma região rural. Eu queria voltar a natureza.

Como eu já estava aposentado, simplifiquei toda a minha vida. Passei a comer somente carboidratos simples, aumentei a quantidade de óleo de coco e de algumas frutas, principalmente de abacate.

No final de janeiro fui ao radioterapeuta que vendo todos os laudos passou a fazer suas prescrições. Olhou para mim e disse:

- Por que você não faz a cirurgia?

- Porque vi em algumas pesquisas sérias que fiz, principalmente em artigos médicos de hospitais dedicados ao câncer, que a radioterapia também é muito eficiente.

Quando citei o nome do médico que estava me acompanhando ele ignorou. Parecia haver já uma rixa velada entre eles.

Ele insistiu umas duas vezes que eu reconsiderasse a cirurgia. Comecei até a considerar a hipótese de que o outro médico, o cirurgião proctologista, por serem amigos, houvesse solicitado que ele assim procedesse. Mas eram só conjecturas de minha mente.

Quando ele percebeu, que eu não mudaria de ideia já foi logo marcando as primeiras sessões e no mês de fevereiro fiz todas as sessões de radioterapia.

Não senti nada, nunca. Se não fossem os exames que constataram o câncer eu poderia afirmar que nunca tive nada. Não sentia dores e nenhum outro sintoma que pudesse me dizer que estava doente.

Depois disso continuei morando no sítio e mantendo uma vida completamente saudável. Acordava pela manhã e já tomava um copo de agua com limão. Durante o dia tomava muita agua.

Nunca mais parei de fazer meus exercícios físicos e pratico yoga e meditação. Com esse estilo de vida me sinto rejuvenescido uns dez anos.

Enquanto cuidava de minhas hortaliças, que cultivava sem o uso de agrotóxicos, veio a minha mente a pessoa do dr. Ademar que era um exemplo de superação. Lembrei de que ele havia vencido uma bactéria mortal, superado o abandono e lutado bravamente em seu conflito com a medicina tradicional. Ele me serviu de inspiração para vencer as minhas batalhas também.

Quando estava no auge de seu trabalho, quando já possuía suas duas clínicas, com um casamento de mais de trinta e cinco anos, feliz e estabilizado. Com sua vida financeira equilibrada e com completa independência financeira, já com suas duas filhas formadas e bem estabelecidas profissionalmente um fenômeno mundial explode em nossas faces.

Dr. Ademar ainda não tinha visto com tanta clareza o grande conflito para o qual havia sido conduzido e preparado de maneira tão natural e quase imperceptível.

Não sabia ainda da abrangente e importante missão que estava cumprindo em sua existência. Com sua maneira de ser e cuidar da saúde ele seria um ícone de como vencer uma pandemia, seja ela qual fosse.

Enquanto achava que estava apenas realizando os seus sonhos e metas, enquanto pensava em melhorar a vida daqueles que o procurassem, na verdade estava já fazendo parte de um grande exército que iria enfrentar o grande conflito do século XXI e que estavam destinados a vencer.

Repentinamente, sem nenhum aviso prévio, o Brasil e o mundo assistem à um ataque virótico mundial que revelaria um ponto de mutação para a humanidade. E por detrás de todo o medo, isolamento social e mortes, o conflito iria mostrar a sua face mais mortal que atingiria todas as áreas da sociedade.

Um vírus poderoso começa seu terror na china e dali se espalha para a Europa e para o mundo todo, chegando ao Brasil com suas sombras diabolicamente contaminantes. Era assim que era visto e mostrado pelas mídias e redes sociais do mundo inteiro.

Enquanto fazia suas vítimas, o mundo entrou em pânico, as pessoas eram trancafiadas nas fronteiras de seus países e em suas próprias casas. A medicina precisava dar uma resposta plausível para esse momento tão crucial e não conseguia ser completamente coerente.

CAPÍTULO 03
COVID-19 – SEMANAS DE TERROR!

Quando todos nós nos sentíamos empurrados pelas mídias mundiais e pela tecnologia mundializada para fora de nosso lugar comum, sentíamos como sendo expatriados pela força das redes sociais.

Havia uma força invisível que agia através dos meios internacionais de comunicação e da internet fazendo os homens de bonecos.

Apesar dos desconfortos, sentia que algo maravilhoso podia estar acontecendo por detrás daquele alvoroço com a pandemia do Corona Vírus.

Naquela sexta-feira, do dia vinte de março de 2020, bem nos começos do século XXI, quando as luzes da esperança e da fé começaram a ser ameaçadas pela contaminação rápida e implacável do corona vírus, foi que eu pude ver um conflito brilhando nas entrelinhas da internet e nos subsolos de vários conflitos nas redes sociais.

Muito mais do que apenas um vírus, uma forma de pensar, um medo e um sentimento de insegurança e morte começou a tomar conta da consciência de muitas pessoas.

Simultaneamente, motivações suspeitas e políticos oportunistas tomaram prontidão e espalhavam suas influências duvidosas para alcançarem seus intentos escusos.

O biólogo Luiz Augusto Vassoler soltou uma matéria que rodou o WhatsApp da maioria das pessoas que buscavam informações sobre o assunto. Ele descreveu o vírus, falou de suas debilidades, dos cuidados que as pessoas deveriam ter e no final soltou uma bombástica verdade que, confesso, me deixou um pouco abalado até que eu assimilasse e a aceitasse como inevitável.

Juntamente com ele, muitas outras pessoas da área da saúde, como médicos, especialistas e virologistas traziam opiniões semelhantes em vídeos, textos e "lives".

Afirmavam e explicavam que os vírus eram muito menores que as bactérias e não visíveis ao microscópio óptico comum MOC. Somente com microscópio eletrônico ME era possível visualizar e fotografar os vírus.

Especificamente o corona vírus era o nome de uma família de vírus que se dividia em dois gêneros, um que atacava os animais e o outro que se dividia em três espécies e atacavam os humanos.

A espécie que se tornou um assombro para nós nesse periodo foi o SARS-Cov 2, causador da doença Covid-19.

Essa espécie de vírus possuía uma estrutura extremamente primitiva e muito frágil. Ao ar livre o vírus desidratava, secava e morria.

Mesmo sendo muito pequenos, possuíam um certo peso e a tendência era cair assim que fossem expelidos por uma tosse, um espirro ou simplesmente na fala de uma pessoa, espirrando gotículas invisíveis cheias de vírus que saiam de sua boca. Mesmo apenas a respiração de um doente já era suficiente para liberar o vírus no ar.

Foram desenvolvidas as primeiras estratégias explorando essas fragilidades do vírus. Foi fundamental a exigência do Isolamento social, assim todos pensavam no início do contagio. As pessoas foram proibidas de se aproximarem uma das outras.

Depois foi incentivado exaustivamente a higiene correta. Todos foram orientados que, ao usarem um transporte público, não deveriam passar os dedos nos olhos, na boca e nem no nariz.

Tinham que chegar em casa e não tocar em nada e nem em ninguém antes de lavar as mãos.

Retirar a roupa que usou e pendurar num local de pouco movimento deixando a roupa lá por no mínimo 8 horas. Nas roupas os vírus ficavam vivos apenas por 6 horas. Se a pessoa pendurasse as roupas à noite, na manhã seguinte os vírus já estariam mortos e a pessoa podia usar essas roupas novamente mesmo que não tivessem sido lavadas.

Imagine o impacto dessas verdades, exaustivamente faladas e insistidas em todas as redes de comunicação! A população estava acostumada a viver sem nenhum cuidado com esses detalhes.

Abraços, apertos de mãos, tudo estava expressamente proibido com o risco de morte. O pânico se fez presente em cada lar, principalmente naqueles que tinham pessoas idosas e pessoas fragilizadas por outras doenças (faziam parte do grupo de risco).

Ao tocar em maçanetas, torneiras ou quaisquer superfícies lisas, onde outras pessoas haviam tocado antes, a pessoa precisava ficar atenta para não tocar nos olhos, nariz nem na boca e precisava lavar as mãos o quanto antes.

Diversas informações diziam que o vírus possuía uma capacidade infectante extraordinária. Todos precisavam manter suas casas estritamente com apenas seus familiares e não podiam receber visitas durante a quarentena. Foi a primeira semana de terror.

O vírus era altamente vulnerável a qualquer desinfetante, água sanitária, Lysoform, Pinho Sol e, com destaque, o álcool etílico; porque esse podia ser aplicado sobre a pele, mas os outros não.

As autoridades recomendavam á população o uso do álcool gel 70° que continha 70% de álcool e 30% de água, recomendaram esse tipo de álcool por não ser explosivo - apesar de se saber que quanto menos diluído fosse o álcool, mais poder para desinfetar ele teria.

O álcool 46°, usado em limpeza cotidiana era fraco, mas, como muitos haviam corrido desesperados aos supermercados e farmácias antes da exatidão dessas informações, o estoque se esgotou em menos de três dias. Era melhor utilizar um álcool inferior do que não utilizar álcool nenhum, pensava a população.

Além desses cuidados foi solicitado o uso de máscaras cirúrgicas para todos que estavam suspeitos ou mesmo gripados todas as vezes que saíssem de casa ou fossem se aproximar de outras pessoas.

Nas primeiras semanas do contágio algumas pessoas obedeciam tais instruções, porém outros ignoravam os avisos insistentes das autoridades. A rede de comunicação televisiva e radio difusora, as mídias e as redes sociais foram exaustivamente usadas pelas autoridades.

Todo cuidado era pouco. Até mesmo orientações sobre como as pessoas deveriam se comportar em suas casas à noite, foram dadas. Cada um deveria dormir em cômodos diferentes.

Muitas e muitas outras coisas e ações, nada corriqueiras, eram vistas, ouvidas em áudios, vídeos e textos. Diversos youtubers, especialistas e médicos exibiam suas credenciais para dar suas orientações.

Muita gente já possuía um smartphone nesse momento histórico. Todas essas informações se alastravam como fogo em palha, disseminando desconforto, intranquilidade e pavor.

Por outro lado, chegavam também em cada celular, em cada rede social, outras informações que contradiziam aquelas primeiras. Informações estas atestadas também por credenciais que se diziam confiáveis.

Diziam que assim como tinha acontecido em 2009 na epidemia do vírus H1N1 a gripe suína, onde todas as pessoas pegaram o vírus e a maioria das pessoas desenvolveram anticorpos, também aconteceria com o corona vírus e os contaminados ficariam imunes a essa doença.

Segundo essas informações a única coisa que precisava ser feita era frear a velocidade de disseminação do vírus porque se pegasse em todos de maneira muito rápida, o sistema de saúde não daria conta de socorrer 20% da população de idosos e 2% da população de adultos fragilizados. Essa era a população de risco.

Enfim, as medidas restritivas que estavam sendo tomadas eram apenas para desacelerar a transmissão. Tudo isso era um sinal que provavelmente só os mais fortes e sadios sobreviveriam.

Essas declarações davam muita força para a medicina integrativa e sistêmica, mas nos dias de confinamento domiciliar, aproximadamente no meio daquelas primeiras semanas, começou-se a ouvir notícias e rumores de que alguns laboratórios haviam encontrado a cura para aqueles que estavam infectados utilizando o hidroxicloroquina.

Apesar dos alertas dos especialistas sobre a eficácia do tratamento, houve uma corrida desenfreada às farmácias atrás do remédio - e quem precisava dele regularmente, acabou ficando sem o seu suprimento.

Foi aí então que o governo tomou uma medida de não permitir mais a venda da hidroxicloroquina sem receita médica.

Eu só me atentei para o conflito camuflado que acontecia no âmbito da medicina e que iria transformar a saúde e o entendimento das pessoas em relação ao próprio funcionamento sistêmico de seu corpo e do mundo, quando tudo isso acontecia no Brasil durante a primeira semana de terror de 21 a 30 de Março de 2020.

Este conflito tão sutil que se travava dentro da medicina estendia seus tentáculos por todo o planeta e mostrava suas garras na economia e na política. Mas a verdadeira batalha mesmo iria se mostrar em outro lugar. Eu teria que adentrar e passar pelos aparentes conflitos para descobrir a fonte de todos eles.

Havia um comunicado do Presidente do Brasil, Jair Messias Bolsonaro, para que na segunda-feira, dia trinta de março, todo mundo, com exceção das pessoas de risco, os idosos, enfermos e pessoas com baixa imunidade, todos deveriam voltar aos seus afazeres para não lesar de maneira profunda a economia do país.

Porém no sábado, muitos governadores e prefeitos, contrariaram as ordens do Presidente. Declararam suas fronteiras fechadas e pediam que todos ficassem em casa.

O STF através dos ministros chegaram à conclusão de que estados e municípios podiam regulamentar medidas de isolamento social, fechamento de comércio e outras restrições, diferentemente do entendimento do Presidente Jair Bolsonaro.[1]

Havia uma forte cisão nas opiniões de nossos líderes. Assim como acontecia na internet e nos meios de comunicação dentro do campo médico, aconteceu também entre as lideranças políticas.

Em diversos países do mundo, como aconteceu na Suíça, muitas pessoas participavam, de dentro de suas varandas, da primeira "festa da varanda", organizada pela radio suíça, Couleur 3,

---

[1] Fonte: Agência Senado

116

durante o estado de emergência no dia 28 de marco. Enquanto no lar de idosos Serena os anciãos falavam com seus parentes somente pelo telefone, porque o contato pessoal estava proibido.

Nessa mesma semana ouvi diversas reportagens internacionais que revelavam grande parte da situação no mundo, mostrando que em vários cantos do globo, estavam vivendo exatamente a mesma coisa que experimentávamos aqui no Brasil.

Em alguns lugares da Europa a mortalidade crescia assustadoramente e o mundo parecia que estava parando. O planeta parecia tomado de medo e, com pânico, chamavam a todos para ficarem enclausurados em suas casas e pequenos apartamentos.

Quando os governadores dos estados e os prefeitos das cidades decidiram continuar mantendo todas as pessoas dentro de casa, se inicia então a segunda semana de terror. Esta semana se iniciou com um pais dividido. O assunto do vírus se tornou quase que 100% abordado pela visão política e econômica.

Ainda que o ministério da saúde tivesse declarado apenas uma morte até aquele momento, cidades como Blumenau dentre outras pareciam tentar voltar ao seu movimento cotidiano. Na minha região e na capital de Minas o confinamento continuou sendo solicitado pelas mídias e pelas autoridades.

O Presidente reuniu seus ministros e dois deles não estavam presentes porque estavam infectados pelo vírus. Declarou as medidas de segurança e profilaxia que eram necessárias e, no final, também declarou calamidade publica. Isso deixou toda a sociedade em alerta.

As pessoas mais atentas e questionadoras começaram a se perguntar:

- Então a minha saúde e o que eu faço com minha vida, dentro da minha casa, afetará aquele dono da padaria da esquina? A indústria do meu bairro, sofreria com as decisões que eu tomo para me proteger do vírus?

As redes sociais começaram a ficar infestadas de pronunciamentos de outros setores da sociedade. Empresários e donos de pequenos negócios começaram a explicar que o problema que estavam enfrentando não podia ser apenas analisado pelo prisma da saúde e integridade física da população.

Um choque muito mais mortal, segundo eles poderia ocorrer caso fossem ignoradas as consequências das atitudes baseadas somente nas informações médicas. Aquele isolamento social de apenas uma semana já afetava bastante os pequenos empresários

O número de infectados no Brasil era bem menor que no mundo. Se olhássemos para o número de 25 mortes e comparássemos com o número de duzentos e dez milhões de brasileiros; também não era significativo, não era motivo para alarde.

Com estas comparações estatísticas, alguns vídeos demonstravam que as ações tomadas contra o vírus, podiam ser comparadas com soltar uma bomba atômica para matar um elefante louco. Estavam exagerando na dose, diziam.

Se fizéssemos uma análise econômica da situação, o Brasil acabava de se recuperar de anos de queda do PIB e, o que muitos estavam fazendo naquele momento era, conscientes ou inconscientes, destruir todo esse trabalho. O país entraria numa fase de recessão muito grande quebrando financeiramente pequenos e médios empreendedores brasileiros em curto e médio prazo.

Um vendedor de picolé sendo entrevistado na rua, porque tinha saído pra vender em tempo de isolamento social, respondeu sisudo e preocupado:

- Eu preciso sair para vender, porque não tenho medo de morrer do vírus, porque somente eu morrerei desse mal, mas não saindo para vender, eu matarei a mim mesmo, meus filhos e toda minha família de fome.

Uma amiga minha, que durante muitos anos trabalhou como cabelereira, atendendo em sua casa seus clientes e já tendo uma boa clientela, decidiu um mês antes daquela fatídica semana, abrir um salão para aumentar a sua clientela e sua renda.

Durante o mês de fevereiro, pegou suas parcas economias e investiu no aluguel de uma pequena loja e no equipamento necessário para iniciar seu pequeno negócio. Quando abriu pensou que era a sua melhor decisão, mas na semana seguinte foi decretado o isolamento social.

Ela desesperada sabia que não teria dinheiro para pagar o aluguel de seu recém salão aberto sob muito sacrifício e decidiu fechar as portas antes que se atolasse em dívidas e voltou a estaca zero.

Uma outra entrevistada pela mídia, já estava trabalhando ha um ano em sua padaria e demorou todo esse tempo para colocar as contas em dia. Quando conseguiu colocar a padaria em condições de lhe trazer melhores lucros, veio a semana onde os brasileiros amedrontados se refugiaram em suas casas e diminuíram suas saídas.

Isto afetou tanto suas vendas que ela imediatamente ligou desesperada para o dono de seu imóvel, que era alugado, informando que aquele mês não teria condições de pagar seu aluguel.

Aquele dono de imóvel percebeu que não somente ela, mas outros imóveis que tinha alugado para outras pessoas, também teriam dificuldades em pagar seus aluguéis. Imediatamente ligou para seus credores avisando que teria que adiar seus pagamentos também.

Esta corrente de dívidas que não seriam pagas correu rapidamente pelo sistema social brasileiro infinitamente mais rápido do que qualquer contaminação viródica.

Começou-se um círculo e uma corrente de endividamento financeiro previsto pelos empresários. O Brasil e a vida não podiam parar. Antes disso nós, pessoas comuns, não percebíamos essa grande rede de relações em que estávamos conectados.

Pela visão dos empresários e economistas - diga-se de passagem que todos estavam bastante coesos – as mortes e suicídios por falência e fome seriam muito maiores se todos parassem de trabalhar e produzir.

Diante desses posicionamentos tão contraditórios surgiram outros ainda mais contraditórios e perigosos para a saúde e sustentabilidade de nosso país: Os pronunciamentos políticos.

Diversos prefeitos e governadores de estados orientavam fechar os estabelecimentos e manter todos dentro de casa. O que a população aos poucos foi aderindo e obedecendo e, somente depois da quarta semana em diante é que alguns começaram a se levantar contra.

Contrariando esse grupo de políticos, o Presidente do país, assim como também o Presidente dos E.U.A afirmava que este posicionamento além de assustar a população era bastante eleitoreiro e que pretensiosamente visava fazer a população acreditar no cuidado e zelo desses políticos para com a população local.

Essa situação se transformou em uma guerra e um conflito muito maior quando se analisava a situação pelo aspecto político.

Essa turma que era orientada pelo Presidente Jair Bolsonaro acreditava que iriamos perder um determinado número de gente com o vírus, mas que iriamos perder muita mais pessoas colocando as cidades, os estados e o país numa recessão e até numa depressão econômica gigantesca.

Iriam perder muito mais pessoas por suicídios devido as instabilidades e falências que ocorreriam. Sem contar no numeroso contingente de desempregados que essa situação iria produzir. O Presidente, precisou ter coragem e muita força para navegar contra toda essa corrente de medo, frustração e isolamento para afirmar que tudo deveria voltar ao normal o mais rápido possível.

Aqueles políticos que aderiram à esse posicionamento tiveram que se esforçar muito e levar vários aspectos da vida social em consideração.

Alguns políticos argumentavam que anualmente se perdiam milhares e milhares de vidas por causa de uma simples gripe, por acidentes de trânsito, mas nunca se ouviu falar em parar um país por causa dessas mortes. Então todos deveriam se perguntar do que se tratava realmente aquele ensejo de se parar um país.

Thomas Friedman, um grande influenciador de opinião escreveu no New York times falando sobre essas difíceis decisões políticas dizendo:

" Os políticos estão tendo que tomar decisões enormes de vida ou de morte, enquanto atravessamos uma neblina com informações imperfeitas, enquanto todo mundo no "banco de trás" gritam com eles.

Mas com o aumento galopante do desemprego que avançava sobre o mundo mais rápido que o vírus todos deveriam se perguntar:

- O que estamos fazendo com nós mesmos? O que estamos fazendo com a economia de nosso país? Será que essas medidas para conter a doença não estará paralisando muito mais nossas vidas de prosseguir? Será que essa cura que vem pelo isolamento não será muito pior que a doença?

122

Para complicar ainda mais toda essa balbúrdia de opiniões, os religiosos também estavam atentos a situação e aproveitavam as mídias e redes sociais para aumentar ainda mais a tensão prenunciando o fim dos tempos e a volta de Cristo.

Depois, na quinta feira dessa semana, foi a vez da notícia de um suposto pronunciamento do Presidente afirmando que as reuniões religiosas, os cultos e missas eram essenciais e que deveriam voltar a acontecer. O que é claro, muitos discordaram prontamente. O conflito político então foi ficando cada vez mais acirrado.

Tudo isso fez com que os céus do Brasil e a atmosfera social, política e econômica ficassem completamente turvas e sombrias.

Quando saí as ruas de minha cidade para fazer compras, observava os pequenos e médios comércios abertos que discretamente desobedeciam a seus prefeitos e governadores.

Uma população medrosa e receosa de estar se arriscando demais entrava e saia rapidamente desses recintos comprando seus alimentos e voltando para casa o mais depressa possível.

Nosso mundo estava muito doente e precisava ser cuidado, precisava de maior atenção e de um olhar mais cuidadoso e amoroso se quiséssemos transformar aquele momento e nosso mundo em uma grande aldeia de humanos mais felizes e saudáveis.

Não dava mais para tentar resolver um problema, fosse ele pessoal ou local, sem levar em conta a teia de relações em que estávamos envolvidos.

Não podíamos continuar tentando resolver uma doença social sem levar em consideração as questões econômicas, políticas e dos indivíduos que tais soluções acarretariam.

Jamais seríamos saudáveis como humanos enquanto não percebêssemos que decisões políticas afetariam imediatamente cada individuo e cada seguimento social. Que um comerciante ou uma pessoa bem sucedida influenciaria todos ao seu redor, o seu bairro, vizinhos e pais.

No sábado recebi um telefonema de uma amiga minha que morava na capital mineira dizendo que parecia estar ficando louca, que estava começando a perceber que toda a família dela já estava gostando de ficar em casa sem fazer nada.

Seus amigos estavam acostumando e se adaptando a viver em prisão domiciliar. Dizia ela. Rimos um pouco daquela situação porque ainda não sabíamos que esse dilema iria durar tanto tempo quanto durou.

Muitos vídeos de empreendedores e empresários brasileiros continuavam orientando e mostrando dicas de como fazer algum dinheiro trabalhando pela internet.

Um site de cinema disponibilizou filmes gratuitos e até faculdades e livrarias começaram a oferecer serviços sem custo algum.

Na terceira semana de quarentena social o assunto principal era achatar a curva de contágio. Em outras palavras a ideia era que a propagação do vírus acontecesse de maneira mais lenta e não tão rápida como aconteceu na Itália.

As discussões continuavam acirradas entre profissionais da saúde e agora também era uma discussão que migrou para a área política e para a economia.

Alguns queriam acabar com a quarentena social – preservando os idosos e as pessoas que faziam parte do grupo de risco - ; enquanto outros queriam manter a quarentena social mesmo sob pena do sofrimento econômico e social que isso acarretaria num futuro próximo.

O povo começou a sair de casa e fazer carreatas querendo voltar a trabalhar. Usavam alto-falantes para pedir, principalmente aos governadores e prefeitos que voltassem atrás e optassem pela quarentena vertical (restrita somente aos idosos e pessoas de risco) e abrissem mão da quarentena horizontal (onde todos deveriam ficar em casa).

Alguns prefeitos de cidades grandes que soltaram um decreto de quarentena total, após uns doze dias voltavam atrás e soltavam um outro decreto pedindo que as pessoas voltassem a trabalhar com as devidas cautelas. Eu pude perceber claramente a insegurança e a falta de embasamento sólido de alguns desses líderes.

A controvérsia entre ficar em casa e se proteger do vírus ou ir trabalhar para obter o ganha pão foi se intensificando à medida que a terceira semana se findava.

Nas redes sociais muita gente, que trabalhava em unidades de Pronto Atendimento, postava áudios afirmando que haviam colocado um sistema em seus computadores de atendimento que os obrigava a responder uma questão.

Quando eles atendessem qualquer pessoa, por exemplo com queimaduras, machucados ou outros sintomas, ao entrar no computador tinham que informar se existia sintomas de corona vírus ou não naquele paciente.

Uma mulher dizia que chegou no sistema e apertou o não, mas o sistema assinalou sim. Em áudios, ela dizia que o número de corona vírus iria aumentar não de fato, mas apenas por informações desse sistema que estava instalado em toda rede de UPA`S.

Inconsequentemente áudios, vídeos, artigos estavam saltando e aparecendo nas redes sociais com informações "seguras" sobre o estado em que as coisas estavam.

Toda a sociedade estava ficando atolada em meio a tantas fakenews e informações sérias. O difícil era definir qual era a falsa e qual era a verdadeira e válida. Isso confundia ainda mais as pessoas apáticas ou desesperadas trancafiadas dentro de suas próprias casas.

Aconteceu também o grande debate na CNN Brasil onde Augusto de Arruda Botelho e Caio Coppolla colocavam ideias completamente contrárias sobre a situação da quarentena, deixando a conclusão para o telespectador.

Coppolla começou utilizando uma citação de Nelson Rodrigues onde ele afirmava que toda unanimidade era burra.

Depois de ser informado que dos 26 estados Brasileiros, 15 deles optaram por prolongar a quarentena, ele considerou assustador a unanimidade de governadores desses estados em optar pela quarentena total e estender por mais algumas semanas. E ele continuou:

- "Eu posso garantir para os expectadores, que embora unânimes, de burro, os governadores não têm nada! Fazendo a ressalva de que existem governadores bem intencionados, o fato é que essa unanimidade é movida muito mais por oportunismo político e covardia cientifica.

E, mais preocupante que a quarentena social é a quarentena intelectual. É deixar a racionalidade em segundo plano e abandonar o espírito da ciência.

Parece que o medo dominou as nossas autoridades públicas, o pânico... Numa questão complexa como é o combate a uma pandemia, eles só ouvem um tipo de especialista, que são os médicos infectologistas e entre esses profissionais da medicina, somente aqueles que propõem uma única abordagem que é trancar todo mundo em casa.

O problema é que as questões complexas, elas são multidisciplinares, elas envolvem ponderações de vários campos de ciências como psicologia, sociologia, criminologia, economia, estatística, gestão pública.

Há evidências científicas em todas essas áreas que citei aqui de que uma quarentena prolongada pode matar muito mais que a pandemia do corona vírus.

Há evidências científicas também de que o isolamento vertical, direcionada aos grupos de risco é eficaz, que a medicação a base de cloroquina e antibiótico tem apresentado resultados promissores e positivos.

E o estudo alarmista que embasa as atuais políticas de quarentena no Brasil, que vem do Imperial College, que vem de Londres, tem falhas metodológicas flagrantes como já apontou há muito tempo atrás o economista Hélio Beltrão.

Eu pretendo demonstrar muito mais coisas durante esse debate do que simplesmente oferecer uma frase lacradora como: "Fique em casa!"...

Quero deixar alguns alertas para aqueles que nos ouvem: Cuidado com aqueles que estabelecem um falso dilema entre saúde e economia.

Nesse momento de sua fala ele então citou o economista Mateus Bandeira:

"- Salvar vida econômica é também salvar a vida das pessoas."

...Cuidado com a tirania de pequenos ditadores enrustidos que aceitam o retrocessos na liberdade de expressão, sob o pretexto da calamidade pública. Censurar, pessoal sempre "emburrece" o debate!

E cuidado com a hipocrisia de gente rica que manda você ficar em casa empobrecendo, enquanto eles continuam trabalhando e enriquecendo. Para terminar, quero dizer que tudo isso que falei aqui é minha opinião pessoal."

Depois seu oponente no debate o advogado Augusto Botelho colocou a seguinte posição:

"- A ampliação da quarentena, é boa para o país? Ela é a única medida capaz de conter o avanço assustador dessa pandemia! E quem diz isso são todas, todas as entidades médicas do mundo! Incluindo aí a maior delas, a mais representativa que é a OMS. Organização Mundial de Saúde.

É o que também recomendam as Secretarias de Saúde dos estados brasileiros e o próprio Ministério da Saúde, que não é formado apenas por infectologistas, se bem que, vamos pensar aqui. Se eu quebro a perna eu procuro um ortopedista, um problema do coração eu vou à um cardiologista. Para enfrentar uma pandemia, acho no mínimo recomendável se ouvir infectologistas.

Mas, mesmo assim, essas entidades representativas da medicina do mundo todo são bastante plurais, com especialistas de todas as áreas. E elas são unânimes! Unânimes em apontar que o isolamento social, a quarentena, atualmente é a medida mais eficaz para conter essa pandemia.

Vou além! É o que a população brasileira pede! Há uma pesquisa divulgada hoje, da Data Folha que aponta que setenta e seis por cento dos brasileiros apoiam a quarentena da forma como ela está. Indo além, setenta e um por cento dos brasileiros aceitam inclusive o endurecimento dessas medidas.

É também aquilo que a imensa maioria dos países que enfrenta essa pandemia, com números assustadores de casos e de mortes vêm fazendo.

Obviamente não estamos aqui, e não caberia a um advogado uma proposta tão radical a esse ponto, de sustentar uma quarentena de longo período; até o fim do ano, mas sim que vamos estar atentos e observar as determinações dos órgãos que são responsáveis por este tipo de trabalho e analisar também o que os outros países têm feito.

A título de exemplo, a Itália prorrogou sua quarentena até dia dois de Maio. Outros países vêm fazendo o mesmo. Alguns países começam a estudar, a possibilidade de flexibilizar, aos poucos, esse isolamento social.

Nesse momento, nessa data de hoje e num futuro próximo, a única medida capaz de conter o avanço dessa pandemia é ficar em casa!

Ao ouvir todo o debate, percebi que seriam essas duas posições que estariam confundindo a população brasileira durante um longo período.

Muitos, porque ouviam apenas os alarmistas e defensores do "ficar em casa", realmente passaram a ficar dominados pelo medo e se trancafiaram dentro de suas casas e apartamentos, alguns deles minúsculos.

Aqueles outros que ouviam centenas e centenas de outros profissionais que diziam que apenas os idosos e o grupo de risco deveriam permanecer em casa e, aqueles que saíssem de suas casas deveriam sair de máscaras e tomar os devidos cuidados, resolveram sair e tentar viver uma vida normal.

Uns postavam coisas de maneira divertida que faziam rir, falando da realidade de quem estava no meio de tantas opiniões:

"- Eu estou ficando louco! Vai trabalhar! Fica em casa! Morre de vírus, morre de fome. Mulher em casa, filho pulando, gato miando. Vídeo do biólogo, vídeo do médico, vídeo do empresário, do epidemiologista, do enfermeiro, povo do "zap", do padre, do pastor, do pai de santo, do especialista, do economista, do frentista, do dentista, do adventista. Fecha tudo! Abre tudo! Vai morrer! Não vai morrer! Vai na Janela, pega a panela, bate na panela, canta louvor, faz uma gíria, faz uma rede na escada, vai pro terreiro, joga agua sanitária, bate palma pro médico, reza o pai nosso, pede ajuda pro santo, pros orixás, palmas pros lixeiros, pros enfermeiros, pro pessoal do mercado, da farmácia, pros motoristas, pros motoboys, pros caminhoneiros, #globolixo, #bolsonarotemrazao, #foradória, passa álcool gel, passa álcool liquido, bebe um pouco de álcool, usa máscara, não usa máscara, "taca luva", "véio" na rua, o novo quer ficar na casa... Meu Jesus! Quando resolverem tudo isso me avisem!" - Ri muito pela ironia da realidade retratada dessa forma.

Algumas pessoas levianamente começaram a sair de suas casas para trabalhar sem nem mesmo usar máscaras ou luvas.

Estavam enfastiadas e o medo de ficar sem dinheiro era maior do que ser contagiado por um vírus cujas mortes não eram tão reais em seu dia a dia. Viam apenas nas redes sociais e na mídia um número de mortos que parecia insignificante.

Por outro lado, alguns cientistas e médicos faziam experimentos em busca da cura ou da prevenção. A médica e cientista Nise Yamaguchi iria propor ao Presidente do Brasil na próxima segunda-feira no dia 06 de abril a adoção de um tratamento precoce com cloroquina. Segundo ele, uma empresa já havia feito um teste e obtido muito sucesso com o tratamento.

Dr. Ademar ao ouvir falar sobre esse possível tratamento que ainda estava sendo testado e experimentado nos outros países e alguns testes no brasil. Expressou sua opinião:

- A doença é séria e bastante contagiosa, mas não vejo motivo para as pessoas entrarem em pânico. Acreditem em Deus, pois sem ele nada somos.

Já existem e ainda existirão muitas doenças que matam até mais que o Corona vírus, não temos controle sobre essas questões.

Esse remédio, o Hidroxicloroquina, já existe e é utilizado para o tratamento de outras doenças. Tem suas contra-indicações, assim como também efeitos colaterais, mas já temos casos de sucesso no mundo inteiro de tratamentos com o uso dele.

Mas eu sempre aviso a prevenção e o manter seu sistema imunológico fortalecido ainda é o grande segredo para combater não só o Covid-19, mas qualquer outra doença.

Devemos aproveitar esse momento onde estamos reclusos para cuidar melhor uns dos outros, para tirar um tempo para refletir sobre o sentido da vida e sobre o que estamos fazendo com as horas de vida que temos.

A quarta semana iniciou com empresas internacionais, que tinham estabelecido seus negócios em território brasileiro, mandando seus funcionários para casa durante dois meses.

Somente trinta por cento de seus salários seriam pagos pela empresa e os outros setenta por cento ficaria por conta do governo. Isso parecia anunciar o caos econômico de um país que estava começando a crescer e se desenvolver economicamente antes da pandemia.

Alguns críticos começaram a dizer que a Organização Mundial da Saúde (O.M.S), além de faltar com a competência de informar a gravidade do que acontecia na china e não permitir que o vírus saísse dali; agora estava ditando as ordens dentro dos estados nacionais. Invadiam a soberania nacional de todos os países e diziam qual o tipo de quarentena deveriam aderir.

Esses mesmos críticos diziam que, se para preservar a democracia os governadores podiam fazer de maneira diferente do que o Presidente havia determinado, os prefeitos também poderiam fazer diferentemente de seus governadores; além disso cada instancia do poder executivo também deveria arcar com as consequências de suas ações.

Em outras palavras, quando a economia do estado ou da cidade ficar comprometida pela paralisação do "Fica em casa", seus líderes deveriam arcar com os resultados e não jogar nas costas do governo Federal.

Achei toda essa critica bastante pertinente.

O povo, cujos governadores haviam decretado quarentena total, saía as ruas, fechava estradas em protestos acirrados, chamando seus governadores de ditadores. A situação econômica agora, não estava apenas dentro de uma previsão agourenta, sinais visíveis de uma economia em colapso começavam a aparecer.

Os estados do Ceará, Amazonas, São Paulo e Rio de Janeiro, eram os mais infectados e eram os alvos dos programas de televisão para mostrarem o perigo mortal do vírus. No meu estado de Minas gerais o caso de mortes também aumentavam.

O ministro da Saúde Luiz Henrique Mandetta deu entrevista ao repórter Murilo Salviano, do Fantástico da rede globo, que deixou a entender a necessidade de continuar com a quarentena total.

Sua fala também deixou toda a responsabilidade do que poderia acontecer no futuro, nas mãos da sociedade Brasileira. Em outras palavras a sociedade tinha que permanecer em casa para que dias piores não viessem. Ele fazia projeções para os dois meses seguintes que ainda deveriam ser de muito cuidado e cautela.

Quando foi confrontado com sua opinião e as atitudes do Presidente alguns dias antes, ao lado dele, cumprimentando o povo e em meio a uma aglomeração, ele simplesmente mostrou que eram dois lados da equação "Saude X Economia" e que cabia a população se posicionar.

Tudo isso parecia um eterno conflito de opiniões e divergências em relação ao fato real do Covid-19. Outros vídeos, áudios e textos continuavam se espalhando aos milhares, principalmente pelos profissionais da medicina.

Alguns desses vídeos eram assustadores e mostravam dramaticamente a letalidade do vírus, enquanto outros tranquilizavam e diziam que tudo era mais alarde do que verdade. Assim os brasileiros não sabiam o que fazer. O caos estava instalado.

Nessa mesma semana um senhor que se dizia chamar Dr. Ulysses Gomes, médico a mais de trinta anos, vestido de jaleco e com um estetoscópio caído sobre os ombros – porque nessa altura dos acontecimentos, a gente já não sabia mais se o que víamos nas redes sociais eram fakenews ou fatos autênticos - fez as seguintes declarações:

- Meus pacientes pediram novamente para eu gravar um novo vídeo para deixar todos eles mais tranquilos sobre a atual situação. Eu realmente fico assim, me questionando e procurando entender essa nossa população brasileira, caminhando que nem vaca indo para o matadouro, sem indagar, sem tomar uma atitude, acreditando nessa nossa mídia esquerdista.

Parece que o país foi doutrinado por esses vinte anos de esquerda no poder e as pessoas deixaram de raciocinar, de refletir e seguem orientações que muitas vezes não são condizentes com amostras científicas sobre o Corona Virus.

No Brasil, tivemos mais de duzentos casos por dia confirmados de tuberculose no ano de 2019, no total foram quatro mil, oitocentos e oitenta e um casos. Nas dez primeiras semanas do ano de 2020 tivemos mais de trezentos e trinta mil casos de dengue, com setenta e sete mortes.

Além disso, malária, H1N1, febre amarela, esquistossomose, infartos, câncer e os próprios acidentes de trânsito que mataram muita gente! E na verdade, tudo hoje se resumiu à um corona vírus. Ninguém mais pode morrer de uma apendicite supurada, ninguém mais morre de uma pancreatite, de uma diarreia infecciosa ou de um traumatismo craniano, morre sim de corona Vírus.

Esse alarde que está sendo feito, será que a população não consegue raciocinar? Temos epidemiologistas e patologistas de renome internacional falando que a letalidade de corona vírus é baixa. Que as pessoas de grupo de risco que podem adquirir o corona vírus e irem a óbito, adquiririam qualquer outra doença bacteriana ou virótica e iriam ao óbito do mesmo jeito.

Não adianta fazer esse confinamento, essa quarentena! Já foi provado que não se faz isso! Entendeu? Eu acho que hoje , na realidade, a situação que esta acontecendo no pais é uma situação simplesmente de caráter político, mais nada!

Pessoas que estão sendo articuladas para manipular essa nossa mídia que não tem uma responsabilidade sobre o que vai acontecer: O desemprego em massa, a fome em massa! Corona Virus? Será que o corona vírus vai matar mais que a fome? Mais do que o pai desesperado que não tem como cuidar de seus filhos porque não tem dinheiro?

Já conversei com professores renomados, igual o Dr. Beny Schmidt que gravou um vídeo e o G1 foi o primeiro a dizer que era uma fakenews. Está na internet como fakenews! Será que um cientista com mais de 45 anos de medicina, um patologista renomado iria gravar uma fakenews?

Por que que eles cortaram a entrevista do Dr. Antonio J. Webb, M.D, por que? Raciocinem gente! Façam uma reflexão! Eu acho que esse nosso país tem jeito desde que as pessoas passem a raciocinar.

Tomar cuidados básicos de saúde, melhorar sua imunidade, isso sim! Usar altas doses de vitamina D, vitamina C. A televisão fala isso? Não fala! Só fala do vírus! Não fala como você vai se prevenir para enfrentar um vírus. Como é que você vai melhorar o seu estado de saúde.

A sua imunidade é que é importante! Não tem uma fórmula mágica para matar um vírus, existe sim, você melhorar suas condições de saúde para poder superar, não somente o corona vírus, mas qualquer outra virose que apareça por aí ou qualquer bactéria.

A pessoa que morre de septicemia, ela não morre por causa de uma bactéria ou só de um vírus! Então por que o exame que está sendo feito é só o de corona vírus? Porque há interesse em se dizer que as pessoas estão morrendo de Covid-19!

O nosso ministro de saúde diz que o Corona Vírus atinge primeiro a classe A, as pessoas ricas, depois chega na classe média e só depois vai atingir os pobres. Quer dizer que o Corona Vírus tem uma diferenciação na classe que vai se atingir? Gente! Raciocina sobre isso! Vamos deixar de ser vaca de presépio!

Os parques estão sendo fechados! As pessoas, que querem se exercitar, então estão correndo ao redor desses parques. As pessoas estão sendo presas no estado do Rio de Janeiro porque estão andando a beira da praia! Cadê a nossa democracia? Isso não é democracia!

Dr. Ademar Schönfelder, Saúde Fácil em Tempos difíceis

Reflitam! Eu já estou desgastado com essa história de Corona Vírus, entendeu? Estou realmente preocupado é com a situação política e econômica do nosso país e não com o corona Vírus!

Ao ouvi-lo percebi que sua argumentação estava bastante alinhada com as ideias do Dr. Ademar e fui coletando mais informações. Não queria chegar a nenhuma conclusão precipitada e nem equivocada.

Para completar essa loucura toda, nessa mesma semana o grande empresário Luciano Hang, proprietário da Havan, reconhecida como uma das maiores redes de lojas de departamentos do Brasil, colocou no instagram Junto à uma foto, estava escrito de um lado: " Tangará da Serra, MT 103.750 mil habitantes. Cinco casos confirmados de corona vírus e zero óbitos" e ao lado os seguintes dizeres: "Aqui Faleceu o Sr. Cnpj. E deixa seis órfãos".

Abaixo da foto ele diz: "Pelo menos 600 mil micro e pequenas empresas já fecharam as portas e mais de 9 milhões de pessoas foram demitidas por causa do coronavirus no Brasil, é o que aponta uma pesquisa do SEBRAE (Serviço Brasileiro de apoio as micro e pequenas empresas).

Essa foto de um comércio de Tangará da Serra, Município de Mato Grosso, segundo ele, refletia a realidade que vivíamos naquele momento.

Ele se perguntava onde iríamos parar se aquela situação continuasse da maneira como estava. Pedia aos prefeitos e governadores: - Senhores prefeitos e governadores coloquem a mão na consciência e tenham bom senso. Como sempre digo:

138

Cuidar da economia é salvar vidas. Miséria, fome e desemprego também matam, estão pensando nas pessoas? Elas vão entrar na conta do corona vírus quando o pior acontecer?

Na quinta-feira recebi uma mensagem convite do sebrae da cidade de sete lagoas convidando para participar do "Empretec". As inscrições seriam feitas até o dia 29 de Maio. Era um seminário de imersão de seis dias com 60 horas de capacitação.

No site havia turmas sendo previstas em Belo Horizonte para quatro a nove de maio e dezoito a vinte e três de maio; em Sete lagoas seria do dia vinte e dois a vinte e sete de maio. Tudo isso parecia ser uma indicação de que o tipo de quarentena que estávamos vivendo estava com seus dias contados. Ledo Engano!

Nesse mesmo dia pela manhã assistí a um outro vídeo no youtube onde Knut Wittkowski, Ph.D., ex-chefe do Departamento de Bioestatística, Epidemiologia e Design de Pesquisa da Universidade Rockefeller, em Nova York.

Ele afirmava, em seu segundo episodio de seu vídeo, que o Coronavirus poderia ser "exterminado" se os isolamentos fossem suspensos.

O vírus poderia ser "exterminado" dentro de semanas se as pessoas pudessem levar uma vida normal e os vulneráveis fossem abrigados até o vírus passar.

 Wittkowski disse ainda que a única coisa que impedia que doenças respiratórias propagassem com ferocidade era o que ele chamava de imunidade de rebanho.

A imunidade de rebanho acontece quando uma grande porcentagem da população se torna imune a uma doença infecciosa, o que impede a sua propagação.

"Portanto, é muito importante manter as escolas abertas e as crianças se misturando umas com as outras para espalhar o vírus e obter imunidade de rebanho o mais rápido possível", afirmou.

Mas o que mais admirei foi quando ele disse que não era pago pelo governo americano e por nenhum outro governo e por isso ele era livre para fazer ciência e não obedecer á intenções politicas. Afirmou categoricamente que se o governo não tivesse realizado nenhuma intervenção, a epidemia já teria acabado.

Pensando na situação do Brasil e de outros países, acredito que sua opinião também seria a mesma. Se ninguém da esfera política tivesse interferido no processo normal da pandemia, com certeza isso teria passado sem nenhum alarde e a economia não sofreria tantos danos. Mas eu precisava de mais informações para ver o que realmente estava acontecendo por detrás de todos aqueles conflitos.

Essa quarta semana parecia assinalar uma mudança de rumo nos comportamentos das pessoas. O Presidente demitiu o ministro da saúde Mandetta e colocou outro em seu lugar.

Enquanto o Presidente dos Estados Unidos, de maneira muito polida, falou dos investimentos que os americanos fizeram na O.M.S e não tiveram o retorno esperado.

Parecia que a quarentena iria ficar restrita ao grupo de risco e aos idosos e o país voltaria a funcionar normalmente. Mas tudo era incerto, porque no mesmo dia fiquei sabendo de empresas

140

em Belo Horizonte que estavam dispensando centenas de funcionários.

Em meio ao caos e desordens de informações, como dizia uma amiga minha: "pegando carona no Corona" o futuro da política e da economia pareciam incertos.

A Quinta semana começa com o país todo fazendo carreatas, passeatas pelas cidades onde os governos e prefeitos proibiram de forma enfática o trânsito das pessoas nas ruas.

O movimento do fique em casa, embora continuasse atuante nas redes sociais, agora parecia enfraquecer nas ruas e no dia a dia das cidades.

Eu percebi que esse movimento de vai e vem iria continuar até que tudo se normalizasse e todos esquecessem essa confusão em que se transformou o mundo, os relacionamentos sociais e a vida econômica. Eu ainda pensava de forma muito simplista.

Muita gente, de dentro de suas casas defendia o isolamento total, enquanto outros saiam e percebiam que precisavam convencer outros do contrário. Afinal de contas de que adiantava sair para trabalhar ou fazer outra coisa se as outras pessoas não estavam lá para fazer a sua parte?

A maioria das notícias das televisões e das mídias na internet era de mortes e casos de coronavirus aumentando por todo o pais.

O medo ainda continuava sendo alimentado e propagado. Nada que epidemiólogos ou especialistas falavam parecia diminuir o medo do povo.

Algumas emissoras de televisão enviavam seus repórteres para cidades insuflando que os poderes locais fossem acionados para efetivarem a quarentena total, mas o povo se levantava e tentava impedir que assim fosse feito.

Pessoas investidas de determinada autoridade, iam até os hospitais de campanhas construídos exclusivamente para cuidar dos infectados pelo corona Vírus, filmavam leitos vazios e com pouquíssimos pacientes.

Pediam aos médicos que, aqueles poucos pacientes, que ali estavam, provassem com exames e atestados, que estavam com o vírus. Mas os médicos ali presentes ignoravam e nada diziam que confirmasse o contrário.

O conflito entre as visões das áreas da saúde já era grande, mas quando a política se apossou desse conflito e se apoderou da questão, o conflito se agravou muito mais.

Agora já não era apenas uma questão de saúde, de descobrir a cura, ou a melhor maneira de lidar com a contaminação. Agora era também uma forma de definir quem tinha o poder de manipular a opinião das pessoas a seu favor.

Nesta semana ouvi dois grandes nomes da saúde e da medicina. Dr Dayan Siebra e Dr. Lair Ribeiro. Ambos falavam, ao vivo, sobre as questões de saúde e da política brasileira. Os dois assuntos ficaram tão entrelaçados que ficou impossível se discutir um sem atingir o outro.

Dr. Lair Ribeiro se ateu a dar informações técnicas e o mais precisas possível sobre a Covid-19. Disse que o vírus era algo que o campo da medicina ainda estava estudando, que o comportamento desse vírus era extremamente complexo e que toda a medicina ao redor do mundo estava trabalhando para saber qual seria a melhor maneira de evitar uma catástrofe e como enfrentar pandemias semelhantes no futuro.

Afirmou durante sua "live" que o ideal era ficar em casa e sua posição parecia refletir mais uma questão de segurança pessoal do que realmente uma forma de resolver todos os problemas envolvidos nessa questão.

Enfatizou que, enquanto todos estivessem em casa, deveriam aproveitar para melhorar sua condição física e seu sistema imunológico.

Já o Dr. Dayan Siebra começa sua "live" falando dos males que afetam a economia de cada individuo como consequência do isolamento total por causa do vírus. Depois disse que a situação era multidisciplinar e que o Brasil não poderia ficar parado até 2025.

Criticou que enquanto os países estão parando de fazer guerras por causa da pandemia, o Brasil continuava em conflito ideológico e político cada vez mais acirrado. E a mídia intensificava mais ainda esses conflitos.
Isso precisava parar.

Disse ainda que o novo ministro da saúde era a favor de todos ficarem em casa enfatizando porém que somente aqueles que tinham condições de estarem em suas casas, sem incorrer no risco de passar necessidades, é que deveriam fazer isso.

Por outro lado aqueles, que por motivos financeiros não podiam ficar parados dentro de suas casas, que saíssem com bastante cautela e segurança.

Mencionou os segmentos políticos e sociais que aterrorizavam a população com más notícias e enfatizavam somente o lado negativo da situação. Políticos que usavam o terror para poder fazer campanhas eleitorais. Para ele todo mundo deveria se unir para sair dessa situação com mais força.

Pior que a letalidade e contaminação do vírus, era o posicionamento político de alguns seguimentos que queriam ver o Brasil fragilizado para aproveitar e voltar ao poder.

Declarando calamidade publica, todo governador ou líder político não precisaria de licitação para nada e essa situação era ótima para líderes corruptos.

Finalizou sua "live" falando que acreditava que o novo ministro não iria simplesmente, da noite para o dia, acabar com o isolamento, mas que ele era mais flexível que o anterior e também tinha um canal de comunicação mais aberto. Tudo isso facilitaria uma boa solução para o povo Brasileiro.

No final de abril de 2020 e início de maio, o Dr. Osmar Gasparini Terra, formado em medicina pela UFRJ, Ministro da cidadania do Presidente Jair Bolsonaro resume todas as querelas sobre o vírus em um vídeo onde mostra gráficos e previsões científicas a começar da China, passando pela Itália e chegando ao Brasil.

Foi ele quem enfrentou a epidemia do H1N1 no sul do país alguns anos atrás e por isso tinha bastante bagagem para afirmar com mais propriedade sobre o que estava acontecendo realmente.

Segundo ele era raríssimo uma criança adoecer pelo corona vírus, jovens e adultos, abaixo dos cinquenta anos sadios e que não tivessem alguma doença que o enfraquecesse, também seriam muito raro adoecer pois eles, mesmo adquirindo o vírus seriam portadores assintomáticos.

Apontou que na Itália, foi criada uma quarentena rigorosa depois que chegou a 1596 casos em um único dia. Colocaram o exército e a polícia nas ruas e as pessoas foram proibidas de sair.

O que aconteceu depois de doze dias? Pergunta ele. A epidemia triplicou. E isso aconteceu porque as pessoas se contaminavam mesmo estando dentro de suas casas.

Nesse vídeo ele ainda continuou demonstrando com clareza e um embasamento científico contundente que a quarentena adotada pelos políticos brasileiros não tinha nenhuma eficácia a não ser para fins políticos.

Os argumentos que ele usou eram provas contundentes e suficientes para que todos mudassem seus posicionamentos, mas a quantidade de opiniões contrárias era muito grande e faziam terror demais com a questão.

Eu sabia que as pessoas, quando já tinham suas opiniões formadas, não abririam mão delas e, nada do que fosse dito depois disso mudaria alguma coisa. As pessoas procuravam apenas comprovações que justificassem os seus medos.

Enquanto ele afirmava que essa epidemia estava com os dias contados, outros milhares de vídeos continuavam aterrorizando os outros.

Políticos, médicos, que não eram epidemiologistas e virologistas, mas que eram especialistas em outras áreas, também apresentavam seus pontos de vista e, muitos deles eram contraditórios.

O brasileiro não deixava por menos. Enquanto alguns levavam muito a sério, eu achava até que levavam a sério demais, outros faziam piadas, com toda aquela realidade.

Só para se ter uma ideia do bom humor do brasileiro, decidi registrar uma dessas brincadeiras com a situação:

Estamos num Manicômio virtual ou real?

As regras do Coronavirus

1. Você não pode sair de casa, mas se precisar, pode.

2. Máscaras são inúteis, mas funcionam.

3. Os negócios estão fechados, exceto aqueles que estão abertos.

4. Não há necessidade de ir a hospitais, a menos que você precise ir.

5. Luvas não ajudam, mas podem ajudar.

6. Não haverá falta de comida no supermercado, mas há muitas coisas que estão faltando.

7. Depois de ir ao supermercado, deixe seus sapatos na porta e lave as roupas a 60º. Se você lavá-las normalmente, o vírus não desaparece. O fato de colocar na máquina de lavar com sabão a 40º não mata o vírus. Obviamente, se você lavar suas mãos com este mesmo sabão por 2 minutos, já o matou.

8. O vírus não afeta crianças, exceto aquelas que o possuem. Bem, muitas crianças pegam, mas sobretudo pessoas idosas (como todas as outras doenças). Então, isso não afeta crianças.

9. Os animais não serão infectados, mas apesar de tudo, um gato deu positivo em fevereiro na Bélgica ... Quando muita gente nem foi testada ainda, mas esse gato foi porque gostávamos muito dele, e é isso.

10.   Você terá muitos sintomas se estiver doente, febre muito alta, perda de olfato e paladar, falta de ar, dispneia ... Mas você também pode ficar doente sem nenhum sintoma.

11.   Para não ficar doente, é preciso comer bem e praticar esportes, mas coma o que tem à mão e não saia para praticar esportes. Bem, em casa você pode, há muitos vídeos, todo mundo pratica esportes. Yoga, yoga, faz muita yoga.

12.   Não tenha contato com pessoas mais velhas, mas você deve cuidar delas e ajudar seus vizinhos mais velhos para fazer compras. Quer dizer, tenha contato.

13.   Você pode pedir tele entrega de alimentos que podem ter sido preparados por pessoas que não usam máscaras ou luvas. Quando chegar a você, não coma e deixe descontaminar por 3 horas fora de casa.

14.   Você não pode ver sua mãe ou avó, mas pode andar de táxi/Uber e encontrar um motorista mais velho ou conversar com aquele atendente da farmácia que é uma senhora muito boa e idosa.

15.   O vírus permanece ativo em superfícies diferentes por duas horas, não, quatro, não, seis, não, não, não... dissemos horas, talvez sejam dias? Mas precisa de um ambiente úmido. Ou não, não necessariamente.

16.   O vírus permanece em suspensão no ar, ou não, ou sim, talvez... especialmente em uma casa fechada.

17.   O número de mortes é informado, mas não se sabe quantas pessoas estão infectadas. Vamos fazer testes em massa, mas amanhã, não, no dia seguinte não, na próxima semana... Bem, faremos eles um dia.

18.   Não temos tratamento, mas talvez exista um que aparentemente não é perigoso e funciona, mas, na realidade não, ou sim, talvez, tenha apenas dado bons resultados em alguns, mas não em todos, por isso temos tratamento, mas não, não temos.

19.   Devemos permanecer confinados até que o vírus desapareça, mas só desaparecerá se atingirmos uma imunidade coletiva, portanto somente se circularmos... e por isso temos que parar de ficar confinados...E mais; ninguém vai

viajar, mas as locadoras de veículos são consideradas essenciais.

Eu não sabia se ria ou se chorava vendo a saúde se transformando em joguete nas mãos dos profissionais, ainda que não intencionalmente. Outras vezes se transformando em máquina de poder pelos políticos. Ví que esse tema era essencial e tinha que ser exposto de forma, clara, objetiva e sem segundas intenções.

Foi exatamente nesse momento que decidi pesquisar mais a fundo os veículos de comunicação, principalmente na internet e nas redes sociais como Instagram, face book, WhatsApp e youtube. Fazendo uma análise mais profunda e observando tudo o que estava sendo transmitido desde o início da contaminação daquele que era considerado por muitos como um nefasto vírus.

CAPÍTULO 4
ILUMINANDO A NEBLINA
DOS CONFLITOS

Para além de todas essas contradições e confusões dentro e fora da medicina; para além das interpretações enganosas e intercessões da economia, saúde, prevenção e empregos.

Em meio ao diz que me diz, eu vi um conflito que ninguém atentava para ele. Esse conflito estava por detrás daqueles tantos outros conflitos, facilmente observados entre opiniões e posturas médicas, sociais e políticas.

Comecei a ver também um provável ponto de mutação que estávamos vivenciando de forma muito sutil, mas que gritava para mim que ele estava ali e precisava ser visto e vivido por todos os seres humanos.

Na penumbra dos debates políticos e sociais, para além do debate dos profissionais da medicina; distante das opiniões diversas de leigos e profissionais de desenvolvimento humano, da espiritualidade, donas de casa, que revelava a incrível dissenção da humanidade.

Por detrás de tudo isto eu encontrei o verdadeiro conflito. Se este conflito fosse encarado por todas as pessoas seria o maior ponto de mutação que a humanidade atravessaria.

Eu chamo de ponto de mutação, inspirado no físico Fritjof Capra que falava sobre o momento em que a visão mecanicista e cartesiana, que regia principalmente a medicina, começou a revelar mais claramente seus limites de alcance, seu esgotamento das respostas das ciências para os problemas complexos que surgiam no começo deste século.

Assim como muitos cientistas e médicos não conseguiam mais resultados satisfatórios com as bases da ciência mecanicista e cartesiana que dividia tudo em partes para conseguir compreender o todo; as pessoas mais comuns também começaram a ver que a medicina juntamente com muitos de seus profissionais cometiam tantos erros que perdia-se a cada dia mais a sua credibilidade.

As fronteiras de um novo tipo de conhecimento começaram a ser iluminadas e pessoas comuns começaram a ter mais acesso a ciência que se baseava na teoria de Einstein (física quântica) e suas tímidas aplicações.

A ponta do iceberg do conflito estava exatamente revelando que todo o conhecimento humano, que imperava até os começos do sec. XXI estava começando a definhar. Essa medicina já não trazia respostas satisfatórias para todos os desafios.

Além de médicos e profissionais da saúde estarem com opiniões divididas diante daquela aparente calamidade publica, outros profissionais e pessoas importantes começaram a revelar as implicações terríveis de toda atitude que as pessoas tomavam em relação às notícias que ouviam sobre o Corona Vírus.

Pequenos e grandes empresários começaram a alertar sobre os perigos e o desastre que aconteceria com a economia e a dinâmica deles, caso aquela paralisação e isolamento social continuasse por muito tempo.

A maioria deles concordava com a estatística que dizia que o número de casos de infecção pelo corona vírus no mundo era de trezentos mil pessoas e que dessas pessoas, havia somente quinze mil mortos.

Lamentavam pelas mortes, mas se comparássemos esse número de mortes com os sete bilhões de habitantes do mundo naquele tempo, o número não era tão significativo como a mídia fazia parecer.

Quando começou a segunda semana de terror eu iniciei, sem muita curiosidade a pesquisar fontes que me revelassem o que estava acontecendo fora do Brasil também.

 Eu tinha alguns amigos no exterior e precisava saber, de uma fonte que não fosse a mídia ou as redes sociais, sobre a realidade de todas as informações que ouvia e as consequências na vida das pessoas.

Toda opinião que tinha ouvido até então sobre o que estava acontecendo no mundo vinha por meio da televisão ou pela internet. Como havia opiniões de todos os seguimentos, principalmente da medicina e da política e, mesmo dentre esses seguimentos havia opiniões completamente opostas, eu achei melhor saber o que estava acontecendo nos E.U.A através desses amigos.

Pelo WhatsApp pedi a vários amigos que moravam no exterior e um deles resumiu a questão geral. Ele morava no Texas e me informou tudo o que ele estava passando e o que realmente estava acontecendo na cidade onde ele morava.

Ele me enviou o seguinte áudio:

 - "Sou um imigrante nos EUA. Mudei para cá há uns seis anos, vivo em Frisco uma cidade que fica há vinte km de Dallas no Texas. É uma cidade bastante residencial e em termos do impacto comercial que sofreu devido a quarentena, não se pode comparar com o impacto sofrido pelas grandes cidades.

A vida social aqui porem mudou bastante. Nesse processo de quarentena, a OMS Organização mundial da Saúde ordenou que os comércios, aonde poderia ocorrer aglomerações, fossem fechados. Isto aconteceu por todo o país.

Até hoje, dia primeiro de abril de 2020, assim está. Com exceção de supermercados, farmácias, postos de gasolina e muito poucos restaurantes que entregam refeições em domicílio.

Parte da sociedade local aceitou e se comportou exatamente como a mídia ditou, ou seja, as pessoas estão com medo de sair de casa, estão tomando determinadas precauções como o tempo todo está sendo orientado na televisão e mídias sociais e evitando toda e qualquer interação social.

O número de pessoas que estão isoladas é incontavelmente maior do que aquelas que se arriscam a sair nas ruas para as compras ou fazer alguma atividade física.

A região onde estou está em uma época onde a temperatura varia entre muito baixa e muito alta. Então quando a temperatura cai, as pessoas realmente desaparecem e quando a temperatura aumenta você já consegue ver um pequeno número que se arrisca em sair.

Eu mesmo percebi que quando a temperatura cai bastante, me sinto mais confortável para ficar recluso em meu apartamento.

Tenho ligado para alguns amigos, alguns conhecidos e pessoas que têm algum relacionamento comigo e notei que todos realmente acreditam que essa epidemia é real e que o governo está tomando as melhores medidas de segurança possíveis.

Qualquer um que quebrar as medidas e orientações que o governo estabeleceu corroborando as opiniões de instituições de saúde, está contra a lei e colocando a vida em risco.

Vejo os idosos usando máscaras, pessoas de minha idade e abaixo dos quarenta não estão tão cuidadosos como eles. Houve algumas discussões entre amigos sobre se devia ou não deviam ficar enclausurados em casa. Se deviam ou não deviam encontrar com outras pessoas em visitas domésticas. Algumas dessas discussões revelavam a tensão que existia no ar.

Isso tem sido mais intenso ainda em outras cidades maiores como Nova York ou Califórnia. Eles estão sentindo um impacto maior porque o exército americano está nas ruas e obrigando todos a voltarem para suas casas.

A polícia está monitorando o que você está fazendo diariamente e para onde você está indo. Em alguns estados a quarentena está bem mais severa.

154

Os números que aparecem nas mídias estão cada vez mais divergentes da realidade. Até mesmo pessoas que são muito bem informadas estão ficando desorientadas e sem muitas certezas sobre quando e como vamos prosseguir nossas vidas normais.

O pior que está acontecendo é o aspecto psicológico. Existe muito medo e muita gente está ficando deprimida pelo isolamento. Não somente medo de pegar o vírus e vir a falecer, mas um medo que eleva em proporções gigantescas o verdadeiro perigo de contágio e as consequências de tal paralisação do país.

 Eu mesmo fiquei muito triste e comecei a ter pensamentos estranhos e assustadores, por isso decidi sair, andar de bicicleta e fazer alguns exercícios físicos. Acho que tem muita gente na mesma situação que eu, porque toda a minha família mora no Brasil, eu moro sozinho num apartamento que antes eu achava grande, agora sinto que ele me sufoca.

Não posso ver minha namorada e nem ela pode me visitar porque ela mora em outro estado. Está horrível. Isso precisa acabar!

O governo tem tomado medidas econômicas para ajudar pequenas e médias empresas para não quebrarem durante essa pandemia, principalmente nos setores hoteleiros e do turismo.

Na televisão o governo tem anunciado a liberação de 2.2 trilhões de dólares para dar suporte a sociedade. Para o primeiro momento, à primeira vista, parece ser algo positivo, mas a longo prazo ninguém sabe os efeitos disso na economia em geral.

A maioria das pessoas está pensando apenas no momento na necessidade imediata, poucas pessoas ou quase ninguém está preocupado com as consequências a médio e longo prazo.

A preocupação que mais atormentava os americanos era a questão financeira porque não existe o hábito de poupar dinheiro, grande parte da sociedade é imediatista.

O abastecimento de alimentos está normalizado até hoje, os legumes e verduras estão frescos, com exceção do papel higiênico. Eu não entendi por que as pessoas daqui deram tanta importância a esse item doméstico.

Houve correria aos supermercados e muitos, quando chegaram lá, já não tinha nenhuma marca de papel higiênico para comprar.

Ficou claro para mim que ninguém estava preparado para viver uma situação como essa, principalmente no aspecto emocional.

Muitos podiam até ter uma estrutura financeira mais tranquila que lhes dava condições de comprar alimentos e materiais de primeiras necessidades, mas todos estão sofrendo emocionalmente e psicologicamente.

Existem dias que são extremamente difíceis. Dias confusos, dias que você não consegue ver o futuro, são dias incertos e sufocantes.

Algumas empresas já estão propondo salários mais baixos, outras estão fazendo uma relocação do quadro de funcionários. Então está tudo muito inseguro.

Ninguém se fala ao se encontrar nas ruas, não se tocam e nem se abraçam mais. Alguns saem com seus cães, procurando manter distancia uns dos outros.

Eu por exemplo estou a trinta dias sem receber nenhuma visita de meus amigos. Um isolamento quase total. Tudo muito sufocante!"

Mais uns três amigos meus, que estavam no Japão, Alemanha e Suíça confirmaram a mesma situação. Não era algo exclusivo dos E.U.A ou do Brasil. Pela internet sabia-se que muitos outros países da Europa, principalmente a Itália sofriam com tudo isso.

Tudo o que vinha acontecendo no mundo e principalmente o que aconteceu naquelas semanas de terror, foi uma grande aula nos ensinando que estava na hora de vencermos o conflito entre o velho mundo da ciência caduca para adentrarmos nos labirintos da complexa ciência sistêmica. Havia um infinito campo de possibilidades se abrindo a nossa frente. Isso assustava a todos.

Um mundo infinito de novos conhecimentos e novas abordagens estava se mostrando. Era momento de muito entusiasmo, vibração e desafios que nos chamavam para uma nova aventura humana, mas era preciso coragem, disciplina e determinação.

Não conseguiríamos ser saudáveis como pessoas ou como sociedade, se continuássemos tratando apenas de nossas doenças e sintomas, como dores, febres, mal estar e desconfortos. Era preciso ir às causas dessas doenças e descortinar um novo caminho para a vida.

Nem sempre a ausência de dor significava saúde. Algumas vezes, uma forte dor poderia ser sinônimo de que o corpo estava definhando e se enfraquecendo. Outras vezes uma dor pode significa um corpo ativo e dinâmico.

Quando o corpo dói após a prática de exercícios físicos, mostra que está em atividade e batalhando por uma dinâmica de vida mais elevada, saudável e com músculos mais fortes.

Era momento de se fazer perguntas e não afirmaçoes descabidas. Isto era uma nova base de olhar para si e para o mundo. Qual era a verdadeira causa da pobreza? Será que era realmente a má distribuição das riquezas? O que estava causando tanta ansiedade e medo no mundo? Será que eram as condições econômicas ou as relações familiares estabelecidas até aquele momento?

Todo aquele medo durante a pandemia não seria apenas memorias de situações mal resolvidas na vida pessoal de cada indivíduo, de medos inconscientes?

Todas estas perguntas precisavam ser feitas para serem norteadoras de novas buscas de novas respostas, não poderiam ser respondidas com as velhas ideias contidas na história, pois o paradigma da vida humana estava em transformação.

Por que estávamos tão suscetíveis ao negativismo, ao ódio, às divisões e separações de cor, condição financeira, gênero, posição social e velhos nacionalismos que insistiam em renascer?

Por que alguns incentivavam tanto ao vitimismo e ao coitadismo naqueles que eram menos esclarecidos? Quais as consequências para uma sociedade constituída de pessoas com essa base emocional de existência?

Será que estas questões eram políticas ou eram condicionamentos mentais e emocionais que formavam os valores em cada pessoa como resultado da imposição de pais, professores e líderes que não entendiam completamente o que estavam fazendo?

Na entrada do século XXI e na revelação desse conflito, que, com um certo distanciamentos dos fatos imediatos, eu via claramente, ainda que para muitos estivesse um pouco escondido na penumbra do alvorecer de um novo tempo, tínhamos que novamente fazer perguntas e não nos agarrarmos a respostas prontas de um modelo científico que não servia mais.

Enquanto estávamos atravessando a crise do corona vírus, e exatamente no momento em que os primeiros casos da doença começaram a dar sinais nas principais cidades brasileiras e o Presidente decretou o fechamento das fronteira com os países vizinhos, foi que eu decidi ouvir o maior número de profissionais sobre o assunto.

Fakenews, religiosos trazendo mensagens escatológicas e de salvação continuavam ecoando por todas as redes de comunicação. Mensagens que traziam desespero e desconfiança, ansiedade e pânico continuavam explodindo nas redes sociais.

As opiniões se dividiam, mas o povo ainda continuava em quarentena dentro de suas casas e buscando informações mais esclarecedoras. Eu apenas lia e as ignorava, porque estava

159

focado em saber o que estava sendo dito nas entrelinhas. O que podia nos ser revelado através de tantos conflitos e daquele medo generalizado?

No dia 11 de Maio o comentarista da radio ZY3, Paulo S. Capeleti falava sobre a situação da pandemia mostrando gráficos de sites sérios e do governo mostrando estatísticas de doenças no mundo e no Brasil e deixando a conclusão para quem o assistisse.

Começou mostrando a quantidade de mortes pelo corona vírus no site covid.saude.gov.br. Nele se constatava a morte de 700 pessoas por dia.

No segundo momento ele comparou o número de mortes no passado por gripe e pneumonia para saber se o valor anterior era digno de todo o pânico causado até o momento.

Ele entrou no site do datasus chamado tabnet.datasus.gov e fez uma pesquisa sobre óbitos que estavam no sistema de mortes no ano de 2018, por influenza (gripe e pneumonia).

Mostrou logo depois o gráfico que representava as mortes neste ano, onde o pico estava representado nos meses de junho e julho, porque são meses de inverno. Era algo que sempre acontecia em nosso país.

Depois comparou com o corona vírus e afirmou que os dados mostravam que o pico dessa doença aconteceria em junho e julho, pois o covid19 tinha as mesmas características de pneumonia e gripe.

Concluiu que o pico com certeza seria em junho e julho onde as pessoas estariam morrendo de problemas pulmonar igualmente.

Em seguida foi para o site do portal da transparência onde mostrou os registros de óbitos no Brasil e olhando o painel de mortes por covid-19 do dia 16 Março à 11 de maio.

Pegou o gráfico comparando as mortes por Covid-19, por síndrome respiratória grave, por insuficiência respiratória, por morte indeterminada, por pneumonia, septicemia e demais óbitos.

Retirou o gráfico do mês de maio, ficando apenas com o mês de Março até dia 30 Abril e mostrou o gráfico de mortes comparando os diversos óbitos por pneumonia, insuficiência respiratória, síndrome respiratória grave e Covid-19.

Ele chamou a atenção para o gráfico da pneumonia que estava em verde que estava caindo, embora adentrando para o mês mais frio onde ele deveria subir e não cair. Tem algo estranho ai! Diz ele.

Mostra também o gráfico do Covid-19 na linha cinza que na proporção que a pneumonia caia, o covid-19 se elevava. Pneumonia vai caindo e o Covid subindo repetiu ele.

Voltou-se para o gráfico da síndrome respiratória aguda à partir do dia 23 de abril, que revelava que ele começava a cair também. As doenças que afetam o pulmão no inverno estavam caindo e o Covid estava subindo?

Para reforçar seu argumento ele voltou ao gráfico para o mês de Março no dia primeiro. Ali mostrou que a pneumonia estava subindo e de repente estabilizou. No mesmo periodo que começavam a lançar no gráfico a presença do Covid. Observou que este começava a subir e a pneumonia começava a descer. Ele então perguntou:

- Paulo você quer dizer que estão anotando pneumonia como Covid?

Ele disse que não iria afirmar nada, e que os gráficos falariam por si mesmos. Desceu um pouco a tela onde se leu a seguinte linha da opção 1:

" Quando houver menção do Covid-19, o novo corona vírus, considerou-se como causa Covid-19. Suspeita ou confirmada."

Então se a pessoa entrasse num hospital em estado grave, morresse de pneumonia, tivesse bronquite, ou outro problema de pulmão e não tivesse tempo para fazer testes para confirmar o motivo da morte, colocava-se no seu óbito a causa de morte por Corona Virus.

Para ele isso não era problema algum. O que estava estranho era o alarde que estavam fazendo em cima de algo que era natural.

Saiu desse gráfico e foi para uma tabela que mostrava mortes por milhão de pessoas no periodo de janeiro de 2020 até o mês de Abril.

Quarenta e uma pessoas em um milhão de brasileiros, morreram de Síndrome Respiratória aguda grave; de Covid morreram cinquenta e três; de insuficiência respiratória morreram cento e quarenta e três, de pneumonia morreram trezentas e duas.

Então o que estava acontecendo? Segundo ele, estavam tirando as pessoas que morriam de pneumonia e insuficiência respiratória e colocando na conta do Covid-19.

Existem pessoas que estão morrendo por causa do Corona Virus? Ele afirmou que sim, mas que ninguém sabia exatamente o número destas mortes. Então porque toda essa loucura em cima do Covid? O alarde crescia no mundo inteiro, mas os números não eram tão alarmantes assim.

Para concluir ele foi para o site do radioagencianacional.abc.gov.br, onde ele leu a notícia de que a tuberculose matava por ano cerca de 1 milhão de pessoas no mundo. Assim, levanta a questão:

- Você por acaso ouviu falar da economia parar por causa de mais de 1 milhão de pessoas morrerem de Tuberculose? Não! Quantas pessoas estão morrendo por causa do Corona? Duzentas mil pessoas.

Mostrou um site do worldometers.info/pt/ onde havia a estatística de população mundial e mortes. Ali estava registrado que vinte e um milhões de pessoas haviam morrido naquele ano e a mídia não fazia alarde nenhum sobre o assunto.

Depois mostrou que o número de mortes por doenças contagiosas era de quatro milhões e seiscentas mil pessoas.

163

Pessoas infectadas por HIV era de quarenta milhões de pessoas e seiscentas mil pessoas já haviam morrido de HIV nos primeiros meses de 2020. E ninguém fez alarde sobre nenhum desses e outros pontos. O mundo não parou por causa dessas coisas terríveis! Afirmava ele.

Concluiu que existiam pessoas que queriam destruir a economia mundial e outras pessoas que queriam acabar com governos e estavam tendo um certo sucesso por causa da desinformação da população.

No dia quatorze de Maio recebi um triste comunicado de meu amigo advogado e escritor, curvelano, Dr. Rubens Bittencourt através de uma mensagem do whatsapp:

"-Curvelo muito triste! Além da progressão dos casos na cidade, notícia triste ontem: confirmados 22 casos no Asilo dos Idosos." Logo lhe respondi pesaroso:

-        Huuumm que triste amigo! Espero que estejam com o sistema imune fortalecido, porque somente assim, conseguirão resistir... Vamos rezar por vocês e pela cidade.

Fiquei deveras preocupado e quis saber um pouco mais sobre a situação. O prefeito havia decretado isolamento social completo. O asilo foi proibido de receber visitas e somente os funcionários é que podiam entrar e sair e com o máximo de precaução possível. A pergunta era: Como esses idosos foram contaminados?

Entre todos aqueles que estavam envolvidos com o trabalho e a manutenção do asilo houve um reconhecimento de que não foi culpa da diretoria, pois haviam tomado providências imediatas.

Fizeram a transferência dos contaminados e procuraram isolá-los e cuidar da melhor maneira possível.

Eu continuei então a conversa com o Dr. Rubens:

-       Meu caro Dr. Rubens me deixe entender melhor esse caso, porque estou estudando muito sobre esse nosso momento e as opiniões são tão diversas...

Os funcionários entram e saem do asilo, os idosos estão sem receber visitas desde quando começou a contaminação pelo corona vírus ou somente quando foi noticiado pelo prefeito que todos ficassem em casa?

-       O negócio é muito difícil, muito complicado! No caso específico da casa dos idosos, desde que se soltou o comunicado sobre a quarentena e, diga-se de passagem que Curvelo e as cidades da região, Gouveia e Diamantina foram as primeiras cidades a agirem com ações preventivas. O prefeito aqui de Curvelo é muito cuidadoso e logo começou a agir. Assim que saiu o primeiro decreto aqui, essas entidades e instituições (e a casa dos idosos é uma delas), logo se proibiu visitação. Assim somente médicos, enfermeiros e os funcionários como auxiliar de enfermagem, o Presidente e uma diretora que tinham autorização para frequentar o local. Então não se sabe né, ou melhor, eu não sei – pode ser que eles saibam – quem foi a pessoa que levou tal contaminação para lá.

Mas o problema é o seguinte... Que não acontece só em Minas, mas em todo o Brasil... É que existe uma grande dificuldade de se fazer os exames para detecção precoce dos infectados. Até que agora melhorou um pouco, mas tinha caso aí que se ficava de quinze a vinte dias para se confirmar se uma pessoa estava infectada ou não. Então com isso, quando se teve uma resposta já deu uma confirmação de vinte e dois idosos contaminados, entendeu?

Mas mesmo assim, eles tomaram providências e o ministério público agiu com muita rapidez, inclusive notificando a prefeitura para liberar, além das verbas que sempre são liberadas para a entidade, outras verbas para o tratamento e as precauções para que outros não se contaminem.

A cidade ficou muito chocada com isso que aconteceu, por causa da vulnerabilidade da situação desses idosos. Sozinhos, sem famílias... Muito triste! Depois de ouvi-lo consternado pela situação decidi responde-lo.

- Meu caro amigo Rubens, espero que todos os envolvidos e as lideranças da cidade estejam bastante otimistas e confiantes para passarem por esse momento. Todas essas informações que você me passou, me deixa pensando sobre o isolamento total, se os prefeitos e governadores que decidiram por ele, estão agindo corretamente. Se realmente a ideia do nosso Presidente não é a mais centrada, a mais equilibrada postura a ser tomada.

Porque, olha bem: Isolamento de cem por cento não é algo possível de ser realizado. São nesses momentos como esse que aconteceu ai na sua cidade, que conseguimos ver como nossas interações sociais são intensas. Nós nos relacionamos o tempo todo sem perceber. Acabei de assistir um vídeo japonês onde eles demonstram como acontece a contaminação rápida e irrestrita em um restaurante de comida selfservice. É uma coisa impressionante a forma rápida e generalizada de como acontece esse contágio.

A maioria dos virologistas e dos epidemiologistas dizem que o nosso contato com os vírus e bactérias do planeta inteiro, é necessário para aperfeiçoamento de nosso sistema imunológico. Seja uma epidemia ou uma gripe, como aconteceu com a "gripe espanhola", a gripe H1N1 - que foi uma contaminação por um subtipo de vírus influenza - os seres humanos acabam conseguindo combate-los.

Nesses momentos, os mais frágeis acabam sucumbindo, como já dizia o grande antropólogo Charles Darwin. A vida é uma alternância entre viver e morrer, não podemos ignorar esse fato.

Os mais fracos sempre morrem enquanto os mais fortes, os mais capazes ou capacitados sobrevivem. É até mesmo uma seleção natural da própria espécie humana.

Nós, como seres humanos, podemos acrescentar que a espécie mais inteligente, tem-se equipado para sobreviver para além da força e da condição física. Isso também vale para o nosso momento.

Meu maior desejo é que não só os mais fortes sobrevivam, mas que os mais fortes de caráter consigam sobreviver a tudo isso! Afora esse aspecto filosófico, esse caso de contaminação ocorrido nesse pequeno espaço geográfico, chamado Curvelo, precisa servir para refletirmos sobre se essa questão do isolamento total não é uma questão de ignorar a verdade, ignorar a ciência ou se é apenas um aspecto político interferindo nas questões de saúde.

Depois deste bate papo pelo whatsapp continuei pensando em tudo aquilo. Acredito que, por ele ser homem dotado de grande intelecto e capacitado para fazer críticas construtivas, essa nossa conversa o fez refletir bastante.

Durante vários dias, com a proliferação do Corona vírus, duas palavras estavam predominando no mundo da saúde e da medicina nas redes sociais e na internet: profilaxia e imunidade.

Tive a oportunidade de ver um vídeo do dr. Delmiro Darci no dia 24 de maio. Este vídeo tinha sido postado no youtube dia 30 de Março onde ele afirmava que o que determinava se uma pessoa iria viver ou morrer diante da contaminação pelo Corona vírus era a imunidade do indivíduo. Afirmava ainda que o vírus não tinha elevado poder de agressão e o que comprovava essa sua opinião era que de uma população contaminada somente 20% desenvolveria a doença; alguns nem sequer iriam manifestar qualquer sintoma.

Afirmou enfim que, o que era preocupante, muito mais que a contaminação do virus, era a fragilidade do corpo e a falta de imunidade de alguém.

Essas duas palavras, profilaxia e imunidade foram chaves para mostrar quem venceria o conflito. Embora fossem palavras um tanto quanto ofuscadas pela quimioprofilaxia e pelos milhões de opinião de leigos, religiosos e pessimistas.

Apesar dessa densa nuvem perturbadora eu consegui ver que essas palavras indicavam uma nova jornada, um caminho melhor para a saúde e o bem estar dos seres humanos. Mas quem estava disposto a segui-lo?

Como veio acontecendo diversas "coincidências" desde que conheci o dr. Ademar acabei também me deparando com uma entrevista onde ele respondia perguntas para um pastor da igreja próxima da região onde trabalhava.

Estavam transmitindo pelo facebook e ele revelava muitas coisas sobre saúde, mas sobretudo falava também sobre o corona vírus e o isolamento social. Falava com sua voz tranquila e firme:

- Meu diferencial como profissional da saúde é que eu acredito muito em Deus. Por isso eu digo: Não entrem em pânico! Virão muitas outras doenças e até nesse exato momento existem muitas outras doenças que podem matar muitas pessoas, igual ou até mais que o Corona Vírus!

Aproveite seu tempo de reclusão se assente e, sozinho, converse com Deus. Fique com seus familiares e faça reflexões sobre o verdadeiro significado de sua vida. Esse é um alimento que todo ser humano precisa.

Muitos outros vírus ainda virão sobre a humanidade, o nosso planeta é vivo e tudo ao nosso redor está cheio de vida. Algumas dessas minúsculas criaturas nos fortalecem e cooperam com nossa saúde, outras são prejudiciais e algumas delas são mortais.

Nesse momento de pandemia está na hora das pessoas começarem a pensar em voltar a se integrar a natureza, descascar mais e desembalar menos. Quero dizer, comer mais alimentos naturais do que industrializados.

Só assim conseguirão manter sua imunidade sempre alerta para as coisas que podem nos destruir num piscar de olhos.

Para mim está muito claro que tudo que existe sempre possui dois lados opostos e quando entendemos que isso faz parte da realidade , saberemos como nos defender de qualquer coisa, inclusive de doenças como depressão, diabetes, câncer e muitos outros vírus como a tuberculose.

Um exemplo disso é a depressão constituída por magoas, tristezas, rancores e muitas outras alterações hormonais que são prejudiciais ao funcionamento do corpo saudável.

Existem hormônios no sistema biológico humano que são o outro lado desses acima mencionados! Depressão então se trata com mais amor, carinho, segurança para pessoa que está acometida.

Seria importante não fazer uso de calmantes por um período muito longo de tempo, pois isso afeta permanentemente os nossos reflexos para a vida.

Quantas vezes as pessoas falam para os seus entes queridos que estão adoentados que realmente precisam dela?

Quantos dizem para os seus enfermos que gostaria de amá-las cada vez mais? Quantos levam flores enquanto eles estão vivos e não depois que morreram? Tudo isso seriam tremendas ações terapêuticas!

Outro exemplo é a Diabetes. Se o açúcar do carboidrato destrói sua saúde então para mim seria mais do que lógico diminuir seu uso no seu dia a dia.

Todos vocês que estão me ouvindo nessa "live" lembrem-se sempre que tudo é duplo, o fogo se apaga com água, o frio se vence com o calor, o calor com o frio.

Esse entendimento fará você estar sempre alerta e cuidando da sua saúde, não apenas quando estiver doente, mas um estilo de vida saudável deve ser assumido a partir desse princípio.

Tenho observado nas ruas e principalmente nas redes sociais que o medo esta levando muitos à histeria e muitas pessoas passaram a acreditar apenas no poder mental e esqueceram que, por meio da química, tudo se torna fisiológico também. A exemplo disso temos o medo que, muitas vezes, não é verdadeiro, são apenas memorias químicas que se transformam em ansiedade, que repetidas podem se tornar em pânico ou depressão. Isso tudo é psicossomático. Não se resolve mexendo apenas na mente ou no tratamento emocional. É necessário suplementação correta, espiritualidade, alimentação saudável e exercícios físicos.

Para aquelas pessoas que estão com muito medo da situação atual eu pergunto: Como controlar a transmissão do vírus em uma favela, onde os barracos estão amontoados e vivem mais de seis pessoas num cubículo de seis metros quadrados?

Não adianta parar o país para salvar alguns poucos, porque muitos outros irão morrer de fome e de falta de recursos.

Sou a favor dos cuidados com aqueles que são mais susceptíveis para as doenças, além de tomar as medidas de higiene, o uso do álcool e todas aquelas medidas que toda a população já está ciente.

Jamais deveríamos parar um país para controlar um vírus! O que realmente precisa é fazer a sociedade brasileira compreender que não podemos parar de produzir, porque isso virará uma bola de neve que quando chegar no final da montanha, se tornará numa grande avalanche.

Agora é muito importante usar plantas que estão mais que provadas que são excelentes para nossa imunidade, uma delas é o Alecrim, (Carnosol), provado cientificamente como sendo o melhor antiviral da natureza, junto com mel não tem para ninguém!

Você pode fazer o chá fraquinho, não precisa de muita quantidade da planta. Esse chá é suficiente se tomar em excesso pode elevar a pressão. Tome pelo menos durante vinte dias e veja o resultado! É só testar e ver o milagre dela.

O Alecrim também serve para melhorar o sistema cardíaco, eleva o seu emocional para um nível mais elevado de alegria. Basta colocar um galhinho dentro da garrafinha de água e tomar diariamente. Outra erva muito boa para esse momento é o anis estrelado, também tão importante para nossa imunidade quanto a Bardana.

Todos precisam voltar seu olhar para a terra e para a natureza. É dela que vem nosso sustento e também nossa manutenção de uma boa saúde.

Infelizmente muitos preferem acreditar numa vacina que, ainda que venha a existir, não será tão eficaz quanto a mídia e a medicina farmacêutica tentará convencer a todos. Digo isso porque os vírus sempre irão mutar, estarão sempre mudando sua forma de existir e sobreviver e são essas mutações que

172

trazem mais estragos para aqueles que não cuidam de sua saúde.

Vou compartilhar algumas informações que podem te ajudar a passar por esse momento mais tranquilo e ser um grande diferencial. Recomendo que você faça uma alimentação mais natural e o mais saudável possível. O que entra nessa alimentação saudável?

Como nosso corpo precisa de muitas vitaminas e muitos nutrientes, por exemplo, faça uma canja de galinha, com fígado de galinha... Só pra você ter uma ideia, o fígado de galinha tem, no mínimo de dez a vinte mil Ui`s de vitamina A que é muito importante para a nossa imunidade.

Durante quase uma hora, Dr Ademar solicitamente colocava na entrevista diversas práticas alimentares, com detalhes de seus nutrientes e porque todos precisavam se alimentar daquela maneira.

Depois afirmou para ninguém se deixasse levar pelo clima de medo, desconfiança e desespero, porque esses sentimentos afetavam diretamente a saúde do corpo.

Uma pessoa ansiosa, com medo e se sentindo impotente libera muito material que prejudica a saúde. Por isso todos deviam cuidar de seu estado emocional.

Eu ouvi mais de duzentos vídeos. Alguns eram curtos e objetivos. Outros eram longos, confusos e prolixos. Mas fiz questão de ouvir apenas médicos e profissionais da área da saúde.

Dr. Ademar Schönfelder, Saúde Fácil em Tempos difíceis

Nos últimos dias daquelas semanas de isolamento as postagens e discussões políticas tomaram o espaço de qualquer outra discussão.

Eu via que muitos governadores e prefeitos, com o pretexto da situação que passávamos, solicitavam adiamento de pagamento de dívidas.

Da mesma maneira eu via indivíduos fazendo com suas dívidas. Toda a incompetência administrativa e falta de condições de um bom gerenciamento financeiro, ficou oculto por detrás da questão da saúde.

Todos iriam sofrer as consequências de suas atitudes, mas ninguém queria assumir responsabilidades naquele momento.

Eu particularmente não entendia, depois de ler e ouvir várias pesquisas, depois que ouvi até mesmo o Presidente da OMS reconsiderar sobre como as sociedades mais periféricas deveriam se comportar diante da pandemia; porque, apesar de tantas evidências sobre a decisão de não ficar em casa, tanto das crianças quanto de pessoas saudáveis, tanta gente ainda defendia aquele estado de isolamento social.

No final do mês de Maio, recebi no whatsapp um vídeo que fechava, pelo menos para mim, esta discussão. O vídeo estava postado na pagina do facebook do Presidente do Brasil. Por isso considerei como algo que valia a pena ouvir.

Era uma matéria do jornal da TV Record onde uma jornalista afirmou:

174

- Prêmio Nobel de Química diz que medidas restritivas de isolamento social podem ter custado mais vidas do que ajudado a salvá-las.

Em entrevista ao jornal The Telegrafh, o bioquímico britânico, Michael Levitt afirmou que o chamado "lock Down" não salvou vidas, ao contrário, provocou o que ele chamou de "danos sociais".

Segundo ele, o isolamento extremo expôs as pessoas à abusos domésticos, alcoolismo e evitou que outras doenças fossem tratadas.

O Nobel e professor da universidade americana de Stanford, analisou também os números da pandemia na China e afirmou que o Reino Unido poderia apenas ter adotado o uso de máscaras e impor medidas de distanciamento social para conter o vírus.

Na opinião de Levitt, houve um pânico generalizado. Para ele a pandemia chegou ao seu esgotamento na Europa.

Dia 01 de junho para completar e fechar esse tema com chave de ouro a Dra Raissa Soares, formada em medicina pela UFMG, a vinte e cinco anos trabalhando com clinica geral, especialista em clínica médica, pós graduada em medicina de família, urgência e emergência e terapia intensiva. Ela havia começado seus protocolos bem no início do mês de abril.

Chegou um momento em seu trabalho na Bahia postou um vídeo no Youtube, dia trinta de maio conversando diretamente com os profissionais da medicina de todo o Brasil e de fora do país que achei digno de nota. Ela pontuou aspectos que resumem tudo:

-       Primeiramente afirmava que ninguém da área médica teve alguma experiência com a covid-19 e que todos estavam aprendendo com erros e acertos.

-       Ela disse que a discussão sobre o covid-19 estava dividindo grupos médicos por causa da diversidade de pensamentos.

-       Estando em Porto Seguro, Ela afirmou que o hospital Luiz Eduardo, estava lotado, sem leito disponível, sem espaço para receber doentes graves.

-       Mencionou a unidade PA-Covid onde havia começado o dia com sete pacientes sob internação com complicação pulmonar que anteriormente já haviam buscado atendimento e que prescreveram paracetamol, dipirona e Loratadina.

-       Ela passou a falar que ao fazer seus atendimentos teve quinze casos com síndrome gripal, quadros leves e que apresentavam: Coriza, dor de garganta, alguma tose, diarreia, dores abdominais e as família doentes, pais e mães já sem olfato e sem paladar. Que doença poderia ser essa? Mesmo sem tempo para teste e diagnóstico, ela pode deduzir que é Covid-19.

-       Ela chamou a atenção para a fase viral que é de sete dias, depois entra em outra fase inflamatória e por último entra na fase três indo para a falência.

176

-        Segundo ela a fase viral podia ser trabalhada, diminuindo a carga viral e não deixando ela evoluir.

-        Por causa da urgência do momento, ela afirmava que na fase viral o médico tinha que agir rápido contra a proliferação do vírus no indivíduo impedindo a entrada na fase inflamatória

-        O prazo era de cinco a sete dias para utilizar um protocolo para redução de carga viral, vitamina D, zinco e vitamina C.

Aconselhou todo profissional a agir rápido e ajudar o povo a não adoecer e não complicar a situação ainda mais.

Concluiu afirmando que prescreveu hidroxicloroquina para a fase viral e teve sucesso em mais de trinta pacientes internados, só naquele dia.

Foi atender um asilo onde havia dez idosos contaminados e também utilizou o protocolo de hidroxicloroquina e não houve nenhuma complicação. Todos os idosos se recuperaram.

Foi o penúltimo vídeo que assisti para me informar sobre o COVID-19. Foi o suficiente para me atinar para o que acontecia por todo o Brasil e principalmente no inconsciente coletivo. Assim decidi fazer uma síntese de todo o processo de Março até o início do mês de Julho.

Nas primeiras semanas de agosto, Cristina Graeml, colunista da gazeta do povo, num programa gravado em vídeo para o facebook chamado "Falando Abertamente", revela uma pesquisa que encerra o assunto. Ela mostra que os números de mortos pela covid-19 no Brasil nunca chegaram a mil.

Foi mais longe ainda dizendo que o pico do contágio aconteceu nos meses de maio e junho. Como ela poderia provar isso? Ela coletou os dados das estatísticas oficiais dos cartórios de registro civil de quase todo o Brasil que revelavam a quantidade de certidões de óbitos que foram emitidas durante o período e que constavam a morte por corona vírus. Essa prova era irrefutável visto que toda pessoa falecida precisava de uma certidão de óbito para ter o direito de ser enterrada em algum cemitério ou cremada em algum crematório.

Explicou que os números de mortos fornecidos pelo ministério da saúde de alguns estados e cidades não eram necessariamente exatos, porque nem todas as cidades eram organizadas o suficiente. Algumas vezes aconteceu de algumas cidades ficarem algum tempo sem informar o número exato de mortes e, quando passavam a informação para o ministério da saúde, era um número de acúmulos de mortos dos dias anteriores. Isso porque os dados do ministério da saúde eram baseados nas notificações enviadas pelos estados e isso causou uma falsa impressão que em determinados dias o número de mortes era maior que em outros dias.

Com base nos atestados de óbitos, o máximo de mortes que ocorreu durante o mês de Maio e junho, que por ela foi considerado os meses onde ocorreu o pico de contágio, foi de novecentos e noventa e sete pessoas, no dia 25 de maio. Depois disso o número veio só caindo.

Foram tantas notícias e negação de notícias durante o aparecimento e contaminação deste vírus que, depois de muitas pesquisas decidi colocar um resumo sobre toda a situação, para poder esclarecer e minimizar o medo daqueles que tivessem acesso às informações.

Sobre o vírus:

1 - Altamente contagioso

2 - sofre mutações continuamente (por isso se torna difícil o surgimento de uma vacina)

3 - Morre rapidamente se estiver fora de um hospedeiro.

4 - Tem taxa de mortalidade relativa a condição do hospedeiro por isso os idosos, aqueles que estão convalescendo de outras doenças ou cujo sistema imunológico esteja enfraquecido são os mais propensos a ter sintomas de leves, graves até a morte.

Sobre a contaminação e o pico:

1-   Com medo de superlotar os hospitais muitos líderes tomaram a precaução de colocar toda a sociedade em quarentena. O plano seria liberar lentamente para que a contaminação fosse gradual de maneira que os hospitais pudessem fazer atendimento. (nesse meio do caminho houve políticos e outros setores (farmacêuticos e hospitalar) interessados em obter algum ganho com essa situação. O que complicou para mostrar para a sociedade o que realmente estava acontecendo em relação à covid-19.

2-   Os países mais desenvolvidos como Estados Unidos, inclusive a Itália que teve um grande número de mortes, depois de mais de um mês de quarentena já admitiram que o isolamento social não deteve a proliferação do vírus, apenas adiou o pico. (resumindo: quanto mais tempo as pessoas ficarem dentro de casa, mais o pico será adiado – conclusão: Não descobriram uma forma de evitar a contaminação geral). 3- Os grandes virologistas já chegaram a conclusão que o Corona Virus segue a mesma tendência de qualquer vírus: isto é, tem seu ciclo de contaminação e quando chega a contaminar a maioria da população, então começa a cair e diminuir os casos. Essa sequência só foi adiada, mas nunca evitada.

4-Por ser um vírus novo, assustou muito os profissionais médicos que estavam acostumados a só seguir protocolos e não sabiam o que é fazer pesquisa. (alguns nem tinham tempo para isso)

5 - Então seguiram o que a maioria ditava (no início ninguém tinha coragem de receitar hidroxicloroquina por causa dos efeitos colaterais e por não conhecerem a dosagem certa na fase de desenvolvimento certa do vírus.

6-A partir de junho, e até um pouco antes surgiram médicos em diversos lugares do mundo e do Brasil que passaram a utilizar o protocolo de Hidroxicloroquina e Azitromicina como principal protocolo.

7-Em Junho especificamente alguns médicos Brasileiros, e a médica de São Paulo, a Dra. Lucy kerr começaram a utilizar o remédio Ivermectina como medida de profilaxia, isto é, para evitar o contágio ou desenvolvimento do vírus no hospedeiro. (custava 9,90 a caixa e devia-se tomar 1 comprimido para cada

180

30 kg que a pessoa pesava, se a pessoa pesasse 60kg deveria tomar dois) por ser um vermífugo comum, não tinha contra-indicações graves (sugeri que todos os meus amigos lessem a bula antes de toma-lo) Mulheres grávidas deviam evitar este procedimento.

8-Ninguém deveria se alarmar pelo número de mortes divulgados, pela mídia ou mesmo por alguns sites que pareciam sérios porque muitos casos eram uma verdadeira confusão e escondiam interesses escusos.

9-O vírus realmente matava, mas somente se a pessoa, nos primeiros sintoma não procurasse ajuda médica e ficasse atento ao protocolo que deveriam utilizar, pois muitos médicos ainda estavam perdidos sobre o que fazer e o que não fazer.

O vírus tinha basicamente três fases da contaminação:

Fase 1 - Ocorria a infecção inicial. O vírus entrava no organismo pela boca ou pelo nariz. A partir daí, ele podia percorrer o caminho até o pulmão, o que era mais comum, ou até o estômago, caso o paciente tivesse reflexo de deglutição. Por isso, os primeiros sintomas da doença costumavam ser tosse ou diarréia

Fase 2 – Era chamada de fase inflamatória - Considerado moderado. Era quando havia o envolvimento pulmonar. Após a defesa imunológica inicial, o corpo lançava uma segunda onda de ataque do sistema imunológico, chamada resposta imune adaptativa. Este processo consistia na liberação de anticorpos específicos

Em alguns pacientes, no entanto, o vírus se replicava e se espalhava antes mesmo que o sistema imunológico o controlasse. Isso podia acontecer quando o paciente era exposto a uma grande carga viral ou tinha o sistema imunológico debilitado.

Fase 3 - Considerado grave. Era quando havia hiperinflamação sistêmica. Uma vez que o sistema imunológico não conseguisse eliminar o vírus, ele podia surtar e começar a reagir exageradamente, produzindo mais e mais proteínas inflamatórias, chamadas citocinas, causando, assim uma inflamação generalizada.

Era muito importante que a pessoa com os primeiros sintomas procurasse um hospital e permitisse o protocolo inicial para evitar as duas fases seguintes.

- Muitos idosos e convalescentes já haviam conseguido sobreviver, mesmo estando nas fases 2 e 3. O que comprovava que o vírus não era tão mortal como muita gente queria fazer parecer

- Mais de 80% das pessoas que foram contaminadas não apresentaram nenhum sintoma e aqueles que apresentaram algum desses sintomas se recuperam em menos de uma semana.

Resumindo: A única e eficaz maneira de vencer a covid-19, que também se tornou para mim o segredo para vencer qualquer doença ou pandemia, seria manter o corpo, com seu sistema imunológico bem preparado evitando todo e qualquer alimento causador de inflamações como o açúcar e a farinha branca ou quaisquer carboidratos, que no processo de digestão acabaria se tornando açúcar.

- O uso de máscaras, cuja intenção era proteger, passou a ser controverso devido ao seu uso excessivo que causava o envenenamento do sangue com o gás carbônico que a pessoa respirava continuamente.

- As máscaras só protegiam quando era em lugares fechados e com muita gente e numa conversa com outra pessoas cuja distância fosse menor que um metro e meio.

- A máscara utilizada constantemente, segundo alguns médicos, podia envenenar os pulmões trazendo acidez ao sangue que se tornava um ambiente propício para alimentar o corona vírus.

- Pior que a contaminação do vírus (que podia ser evitada com as devidas precauções) era o medo instalado na mente e na consciência das pessoas e a desinformação generalizada. Esse medo acabou prejudicando muito mais do que a própria contaminação viródica.

- O sistema de saúde, principalmente do Brasil, já no mês de junho tinha diversos protocolos para vencer o vírus (ainda que houvesse grande debate no campo médico), o importante não era evitar a contaminação (já foi provado ser impossível dentro da cultura brasileira) mas sim cuidar da saúde e principalmente do sistema imunológico.

No início de julho, informaram erroneamente que os casos de contaminação começaram a aumentar e argumentavam que era porque as pessoas estavam voltando a sair e trabalhar. Então quem havia se aventurado, por causa de suas dificuldades financeiras, voltar às suas atividades, eram os responsáveis pelo "aumento" do número de contaminação e mortes.

 No entanto eu sabia, e o doutor Ademar já havia falado sobre isso em uma "live" no facebook" que a confiança em Deus e os cuidados consigo mesmos e a responsabilidade pela própria saúde deveria ser enfatizada pelos órgãos governamentais e de comunicação, mas ninguém fez isto. Eu sempre avisava as pessoas que tinham contato comigo:

- Gente, o medo não afasta o vírus!

Para revelar a forte questão política que estava por detrás de muitas posições frente a doença, uma médica do estado da Bahia, precisamente trabalhando em Porto Seguro, a doutora Raissa Soares que já estava atendendo um grande numero de contaminados com o protocolo da Cloroquina e incentivando seus colegas a fazerem o mesmo, por meio de seus vídeos, teve problemas com o governador do Estado da Bahia, o senhor Rui Costa que era de um partido da esquerda.

Segundo algumas notícias da época, o governador pediu que ela fosse demitida e o motivo alegado "veladamente" fora um vídeo que ela havia soltado na internet pedindo ajuda ao Presidente Bolsonaro para envio de mais quantidade de Cloroquina para que ela desse conta de todos os seus atendimentos.

Outros jornais diziam que foi a própria médica que pedira o seu desligamento devido ao número excessivo de atendimentos. Ficamos sem saber a verdade naquele periodo e até os dias de hoje eu ainda não soube nada sobre o assunto

Quando algumas pessoas ficaram sabendo dessas minhas pesquisas e da síntese que havia feito, entraram em contato comigo e pediram que eu a enviasse para que pudessem colocar seus liderados a par da situação de forma mais embasada.

Enviei a síntese para que eles pudessem promover um debate sobre o tema porém, como naqueles dias as "fakeNews" estavam imbricadas com as informações verdadeiras e, por eu não ser um profissional qualificado da área da saúde - embora estava entendendo muito mais sobre o tema que alguns médicos que não tinham tempo nem para assistir qualquer reportagem ou fazer qualquer pesquisa - avisei que não me responsabilizaria por atitudes equivocadas tomadas com base naquelas informações. Era uma forma de eu me precaver de qualquer acusação legal.

O momento em que vivíamos no Brasil era muito tenso e sensível, qualquer coisa poderia ser motivo para perseguição ou acusação, não importava se era falsa ou verdadeira. Todos queriam crucificar aquele que destoasse da voz da maioria.

O poder que crenças alimentadas e sustentadas por determinados sentimentos tinham sobre a vontade dos indivíduos era algo que eu desconhecia até então. Só quem viveu neste tempo sabe do que estou falando.

O Presidente do Brasil é contaminado com o vírus e muita gente que torcia contra seu mandato demonstraram uma certa satisfação e alguns até mesmo torciam para que ele não conseguisse superar a covid-19.

No entanto no dia 09 de julho as 19 h ele faz uma "live" pelo seu facebook, falando do tratamento que fez e comprovando o que nós já sabíamos. Chegou a citar que Alexandre Garcia que ele ouvira um dia anterior dizendo que no ano passado o número de mortes (sem a covid-19) foi muito maior que este ano.

Depois voltou a falar do perigo do desemprego e do desastre que poderia acometer o Brasil se governadores e prefeitos mantivessem o povo trancado em casa. Pediu solicitamente que todos os governadores e prefeitos, com a devida precaução, liberassem todos para uma vida mais ativa para que a economia não entrasse em colapso e matasse mais pessoas que a própria doença.

Qual era o poder que mantinha as pessoas dentro de suas casas mesmo quando cientistas e pesquisas diziam ser desnecessário? Que poder era esse que, ainda que profissionais sérios e respeitados comprovassem a ineficácia do isolamento social, ainda mantinham muitos assustados e obrigados a ficarem em casa ou ficar um dia inteiro de máscara, ou perder seus empreendimentos para evitar aglomeração?

O primeiro desses poderes era a incerteza. Devido a quantidade enorme de notícias que misturavam verdades com fakenews, as pessoas não tinham certeza absoluta sobre nada. Isso gerou uma insegurança muito grande. Então o medo paralisava para qualquer ação logica que a pessoa tivesse que tomar.

Mas o maior influência mesmo era o poder da crença e do medo da morte. Essa mesma crença e medo é que faziam as pessoas optarem por intervenções médicas que prometiam alívios mais imediatos, mas trariam diversos efeitos colaterais que prejudicariam suas próprias vidas. Não era logico, mas era compreensível!

186

Esse era o poder da crença. Sim! ainda, naquele tempo, não víamos com clareza o poder de uma crença. Maior poder ainda tinha uma crença quando se baseava no medo da morte.

Sim, no lugar mais profundo da mente humana habita o mais profundo conflito entre a vida e a morte, entre o amor e o medo.

O fenômeno que aconteceu de muita gente acreditar no "ficar em casa", do pavor que dominou as pessoas era porque foram dominados pelo medo inconsciente da morte.

Quanto mais medo da morte as pessoas tivessem individualmente, mais o medo coletivo se apoderava deles. Até os líderes não estavam livres disso.

Dominados pela crença que a morte rodeava e era iminente, ficavam prisioneiros de falsas afirmações ou meia verdades, porque o medo sempre aprisiona.

O único antídoto contra esse mal conflituoso que habitava a mente e o coração da humanidade, que os trancafiou em casa seria o seu oposto:

O amor, a busca pela verdade com um bom senso crítico; a vida e a certeza humilde de que todos nós dependemos da vida como algo que governa e sustenta o universo.

Uma pessoa com medo da morte e com a crença de que ela está a espreita e pode atingi-lo a qualquer momento, perde grande parte de sua capacidade de raciocinar e começa a reagir baseado em instintos primitivos de sobrevivência.

As pessoas estavam dominadas por essa força inconsciente e não conseguiam tomar decisões com base na razão lógica e só o amor próprio e a fé nessa energia amorosa da existência conseguiria eliminar o poder escuro daquelas informações negativas que ficaram cravadas na mente da população e se instalou como um câncer violento feito de crenças e medo da morte.

Observando atentamente o que diziam, ficou muito claro para mim, depois de algumas análises, que havia um conflito difícil de ser decifrado que vinha silenciosamente acontecendo no seio da dimensão da existência humana. Este conflito revelava a fragilidade de caráter e da coragem para assumir responsabilidades e verdades.

A verdade de que nesse mundo tudo é incerto, principalmente a vida. Essa vida, com sua fragilidade revelada, assustava ainda mais as pessoas.

As informações trazidas á luz pelas mídias de quantas pessoas morriam no mundo eram aterrorizantes. O que as pessoas não se davam conta era de que isso acontecia todo o tempo.

Na verdade, não eram as mortes de fato que assustavam, pois enquanto isso não fazia parte do conhecimento da maioria, ninguém se importava muito. A morte era ignorada.

Este é um fenômeno que acontece conosco quando vivemos muitos anos com nossos familiares e pessoas amadas sem nos darmos conta de nossa mortalidade e fragilidade. De repente, quando alguma dessas pessoas morre, ficamos assustados, como se isso não fosse algo natural e que todos um dia teriam que enfrentar.

Muitas pessoas, depois de perderem alguém muito próximo, se transformam completamente só pelo fato de terem sido confrontadas com a morte.

Alguns passam até a cuidarem mais de sua saúde, até que o tempo faça aquilo cair em esquecimento. Outros somente depois de adquirirem alguma doença grave é que tomam consciência da fragilidade da existência e passam a cuidar melhor de si e dos outros.

O problema na verdade estava na falta de condição emocional e espiritual das pessoas de enfrentarem a verdade.

Viviam em um estado de consciência fantasioso. Aquele momento porem foi como um tapa no rosto de todos para o despertamento.

Por causa do medo da luz, do medo da verdade e da vida, muitos optavam por cobrir a verdade com um manto de meias verdades ou mentiras enquanto outros deixavam-se levar pela opinião desses, simplesmente, por falta de coragem, de amor e confiança na vida.

Assim, tanto aquele que tentava cegar e enganar, como aqueles que estavam sendo enganados e cegos, se apoiavam na mesma deficiência interior de vida.

Mas a vida não estaciona para escutar as motivações da mentira e do engano. Ela prossegue e revela a verdade, porque a verdade é filha do tempo.

Médicos tradicionais que defendiam a alopatia levantavam suas bandeiras e bradavam ser os donos da autoridade. Não revelavam as debilidades de sua forma de trabalhar para combater sintomas e doenças em vez de promover a saúde.

Enquanto outros médicos não ortodoxos e que afirmavam ser de vanguarda, estavam decididos a mostrar tantos os limites quanto as falhas horríveis que foram cometidas pela tão sagrada profissão da medicina e mostrar um caminho, ainda não muito claro que deveríamos seguir.

Ao bradar seus pressupostos, a medicina integrativa e sistêmica corria um risco muito grande de tirar a fé das pessoas na medicina tradicional e não ter aonde depositá-la, principalmente para as pessoas cujas consciências foram forjadas nas crendices da intocabilidade da autoridade da ciência e que tinham pouco conhecimento de si mesmos e do funcionamento do seu próprio corpo em níveis mais profundos.

Por isso, enquanto alguns, cada vez mais se agarravam na medicina alopática e tradicional, outros se aventuravam com toda força e fé nas novas práticas da medicina integrativa e quântica.

Alguns até mesmo ultrapassavam a barreira da ciência e adentravam pelos terrenos movediços de uma crendice medieval.

Assim estava o mundo no início do século XXI. Nesse ponto de mutação onde um lugar, que antes parecia certo e seguro, não mais servia de abrigo para os homens e, um outro lugar, que ainda lhe era estranho e duvidoso, se apresentava.

Todos nós precisávamos de uma espécie de ser humano, forte, ousado e, ao mesmo tempo, consciente e responsável. Que tivesse um caráter firme.

Precisávamos de pessoas que fossem verdadeiras consigo mesmas e assumissem o quanto estavam deixando o "cuidado" de si, do outro e do mundo em todos os níveis, como se fosse responsabilidade de um outro desconhecido e invisível. Seres humanos mais conscientes se levantaram nessa hora e Dr. Ademar foi um desses.

Para desbancar o lugar quase divino da medicina tradicional e cartesiana, muitos médicos integrativos e indústrias que surgiam revelavam que a medicina que imperava até o momento era uma medicina comprada, alicerçada e promovida pela indústria farmacêutica.

Sendo assim, o importante era vender remédios e aliviar sintomas e não curar o ser humano. A máquina da economia ainda puxava todo o trem da sociedade humana.

Ficou claro na carta dos governadores para a união que sua intenção era se esconder atrás daquela pretensa calamidade para evitar o pagamento de suas dívidas com a união.

Quem observava com atenção todo o sistema social do século XX podia ver o poder da economia, herdeira de um capitalismo radical, condicionando toda e qualquer ação humana à ganhos e lucros tanto traduzidos pela venda de remédios quanto pelas cirurgias invasivas que sempre eram focadas nos sintomas físicos e biológicos.

O Capitalismo construtivo, estava com suas placas tectônicas se movendo bem debaixo dos pés da economia mundial e dando sinais de surgimento espontâneo. Ao qual todos os seres humanos teriam que se render e aderir, embora ainda não o percebessem com tanta clareza quanto eu.

Já a medicina que surgia nesse momento, apontava para o caminho que seria percorrido a partir das descobertas e influências da ciência sistêmica ou quântica.

Estive em um congresso de medicina nos finais de 2019, um pouco antes da pandemia. (essa foi mais uma das coincidências que foram bem providenciais) onde mais de dois mil médicos estavam presentes e mostravam-se dispostos a trilharem um caminho revolucionário partindo da medicina tradicional para caminhos diversificados da medicina sistêmica ou integrativa.

Eram médicos jovens, outros mais velhos, todos eles cansados de omitirem para si mesmos e para a sociedade o quanto estavam frustrados com as limitações e o nível de falibilidade da medicina em compreender o tão complexo funcionamento da biologia humana como um todo.

Não só a medicina, mas todos os ramos das ciências fundamentadas nas bases cientificas dos séculos XVII e XVIII estavam dando sinais de cansaço e exaustão. Enquanto nos escombros deste alvorecer coisas ainda irreconhecíveis vinham á tona. Esse era o conflito. O conflito entre o velho homem e o novo homem que deveria vir à tona.

Dr. Ademar fazia parte desse grupo de novos homens e mulheres que buscavam respostas mais profundas nas medicinas alternativas e queriam quebrar o monopólio da indústria farmacêutica.

É claro que alguns excessos aconteceram! Nesse tempo onde tudo corria tão velozmente, nem todos conseguiam ter a calma necessária para pisar com segurança em terrenos mais sólidos.

Alguns se enveredaram por crendices e práticas, sem se fundamentarem na nova ciência quântica ou sistêmica e também sem pesquisas, sem experiências que comprovassem ou trouxessem verdadeiros resultados na saúde das pessoas.

Uma nova indústria começou a surgir a partir desses homens que buscavam inovação e eficácia no tratamento da saúde e não da doença de seus pacientes.

Essa indústria começava a produzir frequenciais florais, suplementos, tecnologias e outros recursos que eram elaborados à base de vitaminas, minerais na forma de oligoelementos e colágenos.

Outro grupo de laboratórios também passou a se dedicar à fabricação de produtos quânticos e suplementos nutricionais, obtidos a partir de uma tecnologia inovadora, que tinha por objetivo dar suporte a vários segmentos de profissionais na área da saúde integrativa.

Por meio do desenvolvimento de práticas inovadoras, e sempre preocupados com a dimensão do bem-estar social, todo esse exército, aparentemente espalhado pelo país e pelo mundo ia se organizando na forma de um pensamento virtual único, esmigalhado em vídeos, textos e sites pela internet e pelas redes sociais.

Muitos médicos passaram a utilizar de tudo isso como ferramenta para obtenção de um elevado padrão de qualidade de vida, fruto de pesquisas e investimentos de vários grupos que acreditavam nesse novo rumo da medicina.

Segundo essa nova medicina os frequenciais florais atuavam por um princípio Biofísico. A ação deles ocorria por ressonância vibratória e magnética, agindo assim no corpo físico através da vibração do corpo energético.

Esses frequenciais tinham a propriedade de atuar promovendo o equilíbrio da pessoa como um todo. Também agiam alinhando os pontos energéticos do ser, dissolvendo bloqueios, facilitando a abertura e modulando a entrada de energia no organismo biológico.

Enquanto por outro lado e, ao mesmo tempo, os suplementos eram alimentos que serviam para complementar com nutrientes (vitaminas, minerais e proteínas) dando vitalidade e imunidade ao corpo.

Começaram lentamente a ocorrer mudanças no estilo de vida de algumas pessoas. Alguns saiam das cidades grandes e se aventuravam em viver em pequenos espaços de terra, onde decidiam voltar a vida mais simples, a plantar e colher aprendendo a se relacionar com a terra, arando, capinando e plantando alimentos para sua sobrevivência e maior qualidade de vida e saúde.

Outros saiam dos grandes centros urbanos e procuravam cidadezinhas do interior mais próximas para cuidar de si e obter uma vida mais tranquila e mais próxima da natureza e das pessoas.

194

A vida no campo se tornou um grande atrativo para muitos. Abandonavam e deixavam para trás aquela vida frenética de luzes, sons e grandes indústrias, indo na aparente contramão do tão chamado desenvolvimento.

Parecia que se preparavam para aquele momento doloroso que, quando chegou, passaram com muito mais tranquilidade do que aqueles que viviam nos grandes centros urbanos.

Aqueles que optavam por viver próximos de cidades pequenas, em pequenas porções de terra, obrigaram as companhias de comunicação a levarem até eles a tecnologia da internet e assim, apesar de viverem longe dos centros urbanos, estavam conectados com o globo terrestre por meio das redes sociais, sites e mídias de comunicação.

Embora estivessem vivendo um pouco distantes da loucura urbana e da vida industrializada com seus efeitos maléficos, levaram consigo o conforto de ter tudo ao alcance de seus pequenos smartphones. Assim se mantiveram informados de tudo o que ocorria no mundo.

Todas aquelas práticas da nova medicina integrativa eram fortalecidas também com o incentivo e a organização de novos padrões de alimentação. O que no século anterior era considerado como dieta para quem já estava com o corpo adoecido, agora se tornava um estilo de vida.

Enquanto algumas pessoas ainda procuravam dietas para curar seus sintomas e, assim que os sintomas desapareciam, elas voltavam para sua alimentação cotidiana que tanto lhes prejudicava a saúde, outros adotavam um estilo de vida

195

saudável. Era assim que o conflito se travava silenciosamente no meio de pessoas comuns e simples.

E foi assim que aquele estilo de "dieta saudável" deixou de ser algo que se praticava apenas por um periodo de convalescência e se tornou uma nova maneira de viver das pessoas que eram despertadas dentro daquele conflito quase invisível.

Agora um novo estilo de alimentação surgia promovendo a vida de uma pessoa saudável. Casos de doenças crônicas e que já debilitavam o corpo do enfermo, onde essa alimentação não era suficiente para restaurar completamente a pessoa, os suplementos eram sugeridos e receitados por profissionais da medicina natural para que a pessoa, além de se restabelecer, aumentasse sua imunidade para combater possíveis ataques de outras enfermidades.

Os guerreiros da saúde, mais cautelosos, apesar da audaciosa proposta de mudança de paradigmas da medicina sistêmica, ainda recorriam, em casos de muita urgência, à intervenção daquela medicina que por mais de três séculos elevou o tempo de vida dos homens à um patamar nunca dantes visto, a medicina tradicional.

Mas o verdadeiro conflito se mostrava mais acirrado em outro lugar e eu estava disposto a ver com riqueza de detalhes e passar para as pessoas qual era esse conflito e onde ele se travava. Quanto mais eu cavava aqueles conflitos, mais tinha certeza que havia um conflito único que estava escondido mais profundamente. Continuei cavando...

Algumas descobertas e experiências estavam se revelando poderosas nas curas de doenças crônicas. Como aconteceu com a ozônioterapia.

Enquanto pesquisava, chegou até o meu whatsapp a seguinte informação:

"Primeiro Relatório, escrito por Dr. Antonio Gaspari, Diretor da Orbisphera.it Italiano, demonstrando o sucesso no Tratamento de Oxigênio Ozonioterapia - Protocolo SIOOT.

A partir do primeiro relatório dos dois primeiros hospitais que iniciaram a terapia (hoje estamos em quinze hospitais), onde a Ozônio Oxigênio está sendo praticada de acordo com o Protocolo da Sociedade Científica de Ozônio Oxigênio (SIOOT) 11 pacientes em estado grave e muito graves tiveram uma melhoria rápida e decisiva.

Após apenas cinco sessões de tratamento, das cinco intubadas, uma melhorou a ponto de ser extubada e as outras estão melhorando significativamente. O paciente com condições menos grave, após algumas sessões de oxigenoterapia com oxigênio, recuperou-se e voltou para casa. O único falecido do grupo estava em condições amplamente comprometidas. Como uma tentativa extrema, apenas duas sessões de oxigênio com ozônio foram praticadas, mas sua condição estava comprometida demais.

No relatório técnico, os médicos escreveram que, após 5 tratamentos com ozonioterapia, conforme o protocolo SIOOT, os pacientes estavam muito melhores.

197

Dr. Ademar Schönfelder, Saúde Fácil em Tempos difíceis

Os médicos observaram que, depois de praticar a oxigenoterapia com ozônio: Melhoria geral das condições clínicas. Normalização da temperatura corporal. Redução de proteína reativa C (PRC) Normalização da frequência cardíaca Melhoria da saturação e redução do suporte de oxigênio Normalização da função renal (creatina).

Para entender melhor o significado desses dados, entrevistamos o Prof. Marianno Franzini, Presidente da SIOOT International e promotor, juntamente com o Prof. Luigi Valdenassi do protocolo de tratamento.

Segundo Franzini, os dados mais relevantes são que as melhorias são notáveis e ocorreram em apenas cinco dias de terapia. Para tentar avaliar melhor, Franzini perguntou a seus quatro colegas que trabalham diretamente no atendimento a pacientes com covid-19, e todos confirmaram que esses são resultados muito importantes, porque em cinco dias nenhuma das pessoas afetadas por Covid - 19 teve uma melhora tão rápida e estável quanto a observada em pacientes tratados com oxigênio ozônio. "Um médico que está tratando pacientes da Covid - 19 - disse Franzini - me revelou que nenhum protocolo de tratamento está dando resultados como os da oxigenoterapia com ozônio". Quando perguntado quais são as razões pelas quais a terapia com ozônio com oxigênio é tão eficaz, Franzini explicou que, das autópsias dos falecidos devido a Covid-19, parece que o vírus ataca imediatamente a microcirculação, causando uma trombose disseminada. E é justamente aí, além do efeito antiviral, que o oxigênio do ozônio é ainda mais decisivo precisamente porque reativa e fortalece a microcirculação. «Considerando a bondade desses primeiros dados, seria muito importante - destacou Franzini - garantir que a

198

terapia fosse praticada no início, quando o tampão se mostrar positivo, para que possamos curá-los antes que piorem, conseguindo encurtar o tempo «de hospitalização".

Fiquei impressionado com a quantidade de informações chegavam até mim e que me dirigiam para o mesmo lugar, o lugar da saúde quântica.

Eu estava fascinado e decidido a mostrar isso para o maior número de pessoas possível. Mas ainda não sabia como fazer isso.

Embora grande parte da população mundial já estava acostumada a procurar os médicos somente depois que uma doença havia se instalado e o tratamento tinha que ser de urgência, Dr Ademar teve a coragem e a ousadia de, quando procurado, cuidar do urgente, mas ao mesmo tempo desviar sua atenção dos sintomas biológicos e calmamente olhar para outra direção.

Médicos, que também agiam como ele, instruíam todos aqueles que os procuravam para uma transformação completa de seu meio ambiente, de seus hábitos e principalmente de sua alimentação.

Essa orientação abrangia também, relacionamentos sociais, relacionamento com a natureza, consigo mesmos e com o corpo. Enfatizava a percepção do individuo em relação à sua fonte espiritual e energética bem como sua formação psicoemocional para além da biológica.

A partir das insinuações e esclarecimentos da nova medicina e seus guerreiros, decidi que iria procurar homens e mulheres que estivessem indo nessa direção, afinal de contas sempre me considerei uma pessoa com um pensamento de vanguarda e queria conhecer mais a fundo esse momento crucial na vida da humanidade.

CAPÍTULO 5
EM BUSCA DO VERDADEIRO CONFLITO

Coincidências não pararam de me incentivar a contar toda essa história, mas o que realmente me fez decidir foi um telefonema que recebi de meu irmão mais velho. Ele se chama Victor.

Após passar mais de um mês daqueles momentos terríveis da pandemia do corona vírus, depois que aquele conflito velado se me mostrou claro em todas as minhas análises, o telefone tocou. Eram oito horas da manhã e eu estava apenas aguardando que minha esposa terminasse de fazer o café para que pudéssemos assentar a mesa e saborear aquele momento tão especial para nós.

- Você sabe quem está falando? Imediatamente reconheci a voz dele.

- Claro! Como vão as coisas por aí Victor?

- Agora estou ótimo! Já faz mais de um ano que não nos vemos!

- É verdade, Victor! Estou com saudades...

- Pois é isso que me fez te ligar. Durante aqueles meses de isolamento eu fiquei muito reflexivo e decidi conversar com você sobre uma experiência terrível que aconteceu comigo.

Como eu sei que você é um excelente ouvinte, gostaria que você viesse em minha casa. Venha me fazer uma visita... Eu sei que é uma viagem de mais de trezentos quilômetros, mas é importante que eu te relate essa experiência... Então! Fez uma pausa longa e perguntou:

- Quando vocês virão?

Aquela pergunta me deixou impactado, porque meu irmão sabe que eu sempre o visitava pelo menos uma vez por ano. Era de praxe que ele ou eu fôssemos a casa um do outro no periodo das férias. Mas estávamos no mês de outubro ainda...
Preocupado com o que ele iria me dizer, decidi usar o feriado do dia quinze de novembro para fazer essa visita.

Falei com minha mãe o quanto aquele telefonema me deixou preocupado. Eu até tentei saber do que se tratava, mas Victor se manteve em total segredo dizendo que eu não precisava me preocupar, que estava tudo bem, mas que ele sabia que sua experiência iria me ajudar de alguma maneira. Insistiu que eu lhes fizesse uma visita o mais breve possível.

Eu sabia, lá dentro de mim mesmo, que realmente aquela visita iria fazer a diferença naquela minha indecisão entre contar o que eu via ou se eu simplesmente iria ignorar tudo o que vi e senti durante os dias da quarentena.

Foi essa visita que me mostrou até mesmo o como eu iria relatar toda essa história que estava me incomodando a consciência.

Minha mãe se animou e no dia treze de Novembro, bem cedinho, pegamos o carro e fomos para a cidade de Claudio em Minas Gerais. A viagem foi tranquila e estávamos bastante aliviados por ver que toda a pressão daquele pesadelo havia começado a se dissipar.

Chegamos ainda na parte da manhã em sua casa. Victor e sua esposa nos receberam com muito sorrisos e abraços calorosos, que foram desmedidos. Era uma forma de nos vingarmos do isolamento daqueles meses anteriores.

Nos ofereceu o quarto de hóspedes e preparou-nos um lanche delicioso. Ele morava numa casa bem ampla bem no centro de Claudio. A cidade era bem pacata e tranquila. Após o café, sua esposa e nossa mãe se retiraram para colocarem suas histórias em dia e sorriam alegres pelo reencontro.

Elas sempre se deram muito bem. As vezes eu e Victor ficávamos olhando e admirando a amizade das duas. Pareciam mãe e filha.

Ele então pediu que nos afastássemos um pouquinho da casa e fomos nos assentar debaixo de uma grande goiabeira no fundo do seu quintal.

Ali ele havia construído um linda tenda branca com vasos de flores ao redor e uma linda mesa de ferro, pintada de branco com cadeiras coloridas de madeira, dando um ar de alegria jovial ao ambiente.

Nos assentamos e ele trouxe uma água com folhas hortelã e com duas rodelas de abacaxi que descansavam no fundo do jarro. Eu logo perguntei:

- O que é isso?

- Água aromatizada! Falou-me sorrindo... Quando você ouvir toda a minha história vai entender quantas mudanças seu maninho aqui teve que fazer nos últimos tempos...

- Estou curioso...

- Só lhe peço que não me interrompa, quero lhe contar toda essa história e não conseguirei relatar com exatidão se for interrompido.

- Fique tranquilo, sou um excelente ouvinte e quero saber tudo. Confesso que muito mais que curioso, eu estava preocupado, mas agora vendo você, tão bem e tão disposto, restou somente uma grande curiosidade.

Ouvi em silêncio e atenciosamente enquanto ele me contava toda a sua história. Quanto mais ele me relatava os fatos que transformaram sua vida, mais eu entendia a extensão daquele conflito que havia vislumbrado nos dias da quarentena.

Eu sabia que esse conflito já vinha acontecendo há muito mais tempo do que alguém pudesse contar. Era uma luta que se travava num lugar inesperado, que somente pessoas curiosas e dispostas a buscar incansavelmente seriam capazes de encontrar.

- Pois bem, escute com atenção! Ele nos serviu aquela bebida refrescante, tomou um gole e iniciou:

- Eu tinha chegado do trabalho, jantei e brinquei um pouco com minhas duas crianças, um bebê de seis meses e um garotinho com quatro anos.

Senti uma pontada dolorosa do lado esquerdo. Parecia dor nos rins. Mas para um homem de meia idade, praticante de artes marciais, que corria pelo menos três vezes por semana e você sabe que não fumo e nem bebo. Aquela dorzinha não era algo que chamou muito minha atenção.

Apesar da intensidade da dor, ela veio e passou rapidamente. Pensei comigo mesmo que não podia ser nada grave e esqueci aquilo.

Fui dormir sem sentir mais nada. Durante a madrugada eu acordei de dor. Foi alí que tive a certeza que a dor era no rim do lado esquerdo.

A dor era tão intensa que cheguei a gemer. Gemi baixinho para não acordar minha esposa. Eu não tive mais dúvidas. Pela intensa dor que sentia e pelas características dela, tudo o que eu já havia ouvido falar sobre dor nos rins coincidia com aquilo que estava sentindo.

Fiquei quieto, respirando fundo, gemendo baixinho, não conseguia me mexer direito. Virei de um lado para o outro, apertei com as mãos o local. Assentei-me na cama. Durante trinta minutos a dor persistia.

Me levantei e fui para a sala. Depois caminhei até a cozinha. Andava com dificuldade e gemi mais alto. Estava longe do quarto. Tomei um copo com agua e comecei a andar de um lado para o outro tentando aliviar a dor. Assim como veio a dor foi embora.

Voltei para cama e adormeci. Acordei e procurei apalpar a minha lombar esquerda e já não sentia nenhuma dor. Não falei nada para minha esposa e fui trabalhar normalmente, acreditando que não estava acontecendo nada demais comigo, nada grave!

Cheguei ao trabalho, cumprimentei meus colegas de trabalho, tomei uma xicara de café e fui logo para minha mesa. Havia muito trabalho a fazer naquele dia. Depois de uma hora, senti necessidade de ir ao banheiro.

Quando comecei a urinar fiquei apavorado. Nunca tinha visto isso acontecer antes. A cor da minha urina estava avermelhada. Estava urinando com sangue misturado. Fiquei tremendamente assustado, porque você sabe o quanto eu sou dramático com as coisas...

Eu apenas sorri balançando a cabeça, concordando com ele. Então ele me devolveu o sorriso e prosseguiu:

-	Lavei as mãos e imediatamente fui até o meu chefe. Bati a porta. Ele pediu para que eu entrasse. Entrei e fechei a porta atrás de mim. Dei-lhe bom dia e fui logo lhe informando:

-	Olha! Eu senti uma dor de madrugada e fui urinar ali agora e urinei com sangue. Eu preciso ir ao médico. Ele imediatamente me deu autorização e me dispensou.

Fui para um hospital mais próximo. Um hospital simples, comum mesmo. Nem pensei em um hospital mais avançado, mais bem equipado e preparado.

Eu até tinha planos de saúde que me garantiam um atendimento melhor, mas como eu tinha uma saúde muito boa, pelo menos eu pensava assim, acreditei que seria um atendimento comum, simples e rápido.

Chegando lá, passei por todo aquele procedimento de preencher algumas fichas, apresentar documentos. Fui encaminhado para uma sala de triagem que após uma enfermeira medir minha pressão, anotar os meus sintomas, medir minha altura e peso, pediu para aguardar atendimento médico.

Como eu já sabia que era uma dor na região lombar esquerda e já tinha relatado que havia urinado sangue naquela manhã, eles me encaminharam diretamente para um urologista. Em casos tão específicos como o meu, eles encaminham imediatamente para um especialista, que no meu caso era um urologista.

O médico me recebeu em sua sala com um leve sorriso automatizado e pediu para eu deitar de bruços em sua maca. Apalpou um pouco minha lombar esquerda e pediu que eu fizesse alguns exames com o máximo de urgência possível. Pediu um ultrassom do rim esquerdo, um exame de sangue e um exame de urina.

Até aquele momento eu estava muito tranquilo, não fazia ideia do que me aguardava nos próximos dias. Fiz os exames ali no hospital mesmo e o resultado demorou em torno de três a quatro horas para ficar pronto. Até aí tudo bem!

Assim que os exames saíram e foram levados para o urologista que havia me atendido, fui chamado de volta ao consultório. Mais uma vez vi aquele sorriso automático e ele pediu que eu me assentasse. Fiquei olhando para ele enquanto ele passava uma folha atrás de outra com expressões faciais que me deixaram agonizados. Ele respirou fundo. Colocou os óculos sobre a mesa e disse:

-       Olha você está com um cálculo renal de quase sete milímetros. Parecia que estava dando uma notícia das mais ordinárias que alguém pudesse imaginar. Ele nem esperou alguma reação minha e continuou:

-       Ele está alojado na saída do rim e bloqueando o canal da... da... que guia até a uretra. Isso é muito ruim porque pode acontecer uma hidronefrose.

Aquele nome me lembrou necrose, morte e se estava ansioso, a ansiedade deu lugar ao medo. Mas sua explicação do termo médico me aliviou um pouco a tensão.

Estar naquele consultório era como andar de montanha russa. A cada frase do médico era uma emoção diferente que me tomava o coração.

-       Eles chamam de hidronefrose um aumento de tamanho do rim devido a um inchaço porque ele não está tendo a passagem do líquido de maneira normal.

E o exame de creatinina – disse ele enquanto pegava uma outra folha dos exames - que revela se o rim está fazendo sua filtração de maneira normal, se a função renal está boa ou não, também deu alterado!

Eu me lembro, que na época ele deu 1.65; mas como eu estava com uma pedra impedindo o rim esquerdo de trabalhar normalmente. Até então é... O problema poderia ser essa pedra no rim.

Parecia uma metralhadora de más notícias que impiedosamente atirava em minha direção:

- Não existe outra alternativa a não ser fazer a cirurgia da retirada desse cálculo! Ficou olhando para mim esperando que eu dissesse algo.

Ao ouvi-lo falar sobre aquele assunto de forma tão natural, não me pareceu algo tão grave. Já havia visto muitos conhecidos meus que fizeram esse tipo de cirurgia e lembrei que não parecia algo muito complicado e nem trazia nenhum risco de vida.

Saí da sala como se estivesse suspenso, não sentia nada. Peguei meu celular e liguei para minha esposa explicando tudo o que acontecera e lhe informei que iria passar por uma cirurgia simples de retirada da pedra.

Até então estava muito calmo. Não sei se a ficha ainda não havia caído e ainda não conseguia realmente encarar o que estava acontecendo comigo ou se estava em choque. O Fato é que consegui encarar tudo, até aquele momento com bastante tranquilidade.

Algum tempo depois, fui internado e começaram os procedimentos para a cirurgia. O primeiro procedimento foi a colocação de uma sonda no canal da uretra chamado duplo jota. Parece ser um protocolo padrão que eles seguem para ajudar no fluxo do líquido filtrado pelo rim.

A noite fui para o bloco cirúrgico onde seria colocada a sonda. O médico era conhecido da minha esposa, era um senhor de mais idade e a gente logo pensa que por ser mais velho, é mais experiente e por isso devem ser mais competentes. Ledo engano!

Após alguns minutos de ter tomado a anestesia geral, adormeci e fiquei inconsciente. Não me esqueço daquela manhã porque eu tive um dia muito estressante. Estava tenso sem saber o que aconteceria com minha saúde nos próximos dias.

Quando acordei da anestesia, após um sono profundo, gostoso, eu pensei assim:

- Meu Deus! Quanto tempo eu não dormia tão bem assim!

Me senti descansado porque a anestesia apaga a gente completamente. Tive uma sensação tão agradável, acho que eu estava precisando descansar daquele jeito. Pra mim foi muito boa aquela experiência!

Quando acordei, já com o duplo Jota colocado, me sentia um pouco desconfortável com aquela sonda no meio das pernas e me dando uma leve sensação desagradável no pênis e na região da próstata.

Antes de fazer a cirurgia eu tinha que ficar alguns dias com essa sonda. Foi me dado um encaminhamento para fazer a cirurgia e logo depois fui dispensado para voltar para casa.

Cheguei em casa com aquela sonda me incomodando mais ainda na medida que a anestesia passava seu efeito. Quando eu me assentava sentia fortemente na região interna, na próstata, um incômodo perturbador.

Conversei com muitas pessoas que me disseram que já haviam passado por aquela experiência e correu tudo muito bem e hoje nem mais se lembravam do que ocorrera. Isto me deixou mais tranquilo.

Tive que ficar com a sonda durante aproximadamente uns quinze dias. Apesar de me manter tranquilo e calmo, me preparando para a cirurgia, o incômodo foi constante.

No dia da cirurgia eu já não conseguia manter tanto a calma e a tranquilidade dos dias passados. Quando ia sair de casa, tive um pressentimento que algo errado iria acontecer comigo. Então me despedi de minha esposa.

Abracei-a e falei que a amava muito e... Ela não permitiu que eu continuasse a frase porque parecia ser uma despedida para sempre. Ela procurou me tranquilizar e me beijou carinhosamente dizendo para que não me preocupar.

- Vai dar tudo certo, meu bem! Vai com Deus!

Foi um amigo quem me levou até a clínica especializada em cálculo renal, porque minha esposa precisou ficar com as duas crianças.

Fui conduzido para o quarto e assim que me estabeleci no quarto a enfermeira entrou e me disse que a cirurgia tinha sido marcada para o outro dia bem cedo, por volta de sete horas da manhã.

Ainda estava escuro e eu acordei. Tinha dormido até bem, não estranhei a cama nem nada. E alguns minutos depois que o dia clareou, fui levado para o bloco cirúrgico. Me colocaram na mesa de cirurgia numa posição bastante desconfortável. Minhas pernas ficaram suspensas, na mesma posição que uma mulher fica para fazer exame ginecológico.

A médica anestesista conversou comigo, tentando me preparar para a cirurgia e tentando me tranquilizar. Aplicou a anestesia e quando eu estava sonolento, mas ainda consciente escutei ela falando com as colegas que o médico estava atrasado. Notei que as duas estavam bastantes insatisfeitas com aquela situação. E foi a última coisa que eu ouvi.

Acordei da cirurgia, dessa vez não tive a mesma sensação agradável que da primeira vez. Aquela sensação de descanso que tive após colocar a sonda duplo jota, não estava mais presente.

Acordei e vi que minha esposa já estava me aguardando no quarto. Nesse tipo de cirurgia a pessoa sempre era liberada no mesmo dia. Eles apenas aguardavam algumas horas, para ver a reação do paciente e, se não houvesse nenhuma reação mais grave, liberavam a pessoa para se restabelecer em casa.

Enquanto eu aguardava ser liberado, comecei a sentir um pouco de dor e muita falta de ar. Falei com o médico que veio me ver algumas vezes, que estava com falta de ar, com muita falta de ar! Disse para ele.

Ele parecia ignorar completamente o que eu dizia. Quando falei para ele várias vezes sobre minha falta de ar ele se voltou para mim e disse:

- Eu tenho que ir embora agora, um outro médico vai passar ai e te receitar um remedinho para dor. Logo, logo você será liberado!

Naquele momento eu não entendi por que ele reagia daquela maneira, só fui compreender a reação dele depois de algum tempo.

Posteriormente eu fiquei sabendo que quando a insuficiência renal está muito aguda, ela produz como sintoma dificuldades respiratórias.

Daqui a pouco te falo de outra coisa que causou essa minha falta de ar, mas naquele momento eu não pensava em mais nada a não ser na dor e na falta de ar que me atormentava.

Fui liberado na parte da tarde. No trajeto parecia que algo estranho acontecia com minha cabeça. Eu estava como num sonho, ou saindo de um pesadelo.

O pós-cirúrgico não era agradável. Fiquei quieto e sem muito o que pensar, estava aéreo e calado. Precisava repousar para poder melhorar o mais rápido possível.

À noite, antes de me deitar para dormir, senti novamente uma dor muito, muito forte mesmo, no rim esquerdo. A dor era tão intensa que pensei que iria desmaiar.

Era muito mais forte do que a cólica que eu senti antes de todo esse tormento começar. Meu corpo tremia e eu suava frio. Uma dor como eu nunca havia sentido na minha vida.

Minha esposa me abraçou e tentava me acalmar. Me fez um carinho no rosto e tentava me manter calmo. Ela percebeu o quanto eu estava sofrendo. Aos poucos a dor foi amenizando. A noite inteira eu sofri com aquela dor.

Havia momentos em que eu pensei que não mais acordaria vivo no dia seguinte. A dor vinha e depois passava. Foi uma noite de tortura. Não havia analgésicos que dessem conta.

No outro dia nos levantamos e conversamos sobre a situação. Eu estava bastante debilitado e ela tinha que continuar cuidando das duas crianças. O que iriamos fazer?

Decidimos ir para a casa dos pais dela para que eles nos ajudassem naquele momento tão difícil. Liguei para eles que prontamente se colocaram a disposição e foram nos buscar.

Durante a semana que passei com seus pais, o tempo se arrastava. Eu percebia que havia alguma coisa errada comigo, não sabia exatamente o que era.

Falava para seus pais e para minha esposa, mas todos estavam considerando como se tudo aquilo que eu estava sentindo fizesse parte da recuperação da cirurgia.

Eu continuei insistindo:

- Gente não estou bem! Tem alguma coisa errada comigo! Não sei explicar, mas não está normal!

A semana foi passando e eu continuei afirmando que tinha algo estranho acontecendo no meu corpo. Mas sempre voltavam para mim com a argumentação de que eu precisava ter paciência, porque o pós cirúrgico era assim mesmo. Principalmente para quem nunca havia feito uma cirurgia antes.

Quando completou o quarto dia após a cirurgia, a falta de ar persistia e eu passei a noite toda em claro. Não conseguia dormir. Ao deitar na cama, vinha uma falta de ar e uma sensação estranha que eu não conseguia identificar se era físico ou emocional. Eu implorava pelo amanhecer e quando o sol surgiu, decidi voltar ao médico. No hospital fui atendido num pronto atendimento de urgência.

Uma médica de clínica geral me atendeu. Depois que lhe expus todo o processo que havia passado naqueles dias Ela pareceu ficar em dúvida sobre o que fazer em meu caso.

Outra médica foi chamada e eu expliquei tudo novamente. Que havia passado por um processo cirúrgico de retirada de cálculo no rim esquerdo. Tinha voltado para casa com dores terríveis e com falta de ar.

 Ela então pediu novos exames médicos e, assim que eles ficaram prontos, após ela analisar cada um deles, pediu minha internação. A partir desse momento eu realmente fiquei apavorado.

Esta médica com o semblante bastante sério veio até meu quarto e falou:

- Olha eu analisei seus exames e observei que sua creatinina esta muito acima do aceitável! Vamos fazer uma bateria de exames.

Fizeram eletrocardiograma, vários exames de sangue, urina e vários outros. Quando mais colhiam material para examinar, mas tenso eu ficava.

Depois disso, a médica disse que minha creatinina revelava que o meu rim não estava funcionando como deveria. Ela não iria me liberar para voltar para casa naquele dia porque o meu caso era grave.

Eu tentava controlar meu medo de morrer, mas já estava perdendo o controle de mim mesmo. Mas mantive a aparência. Liguei para minha esposa e seus pais falando de minha internação e pedindo que eles providenciassem uma roupa adequada e me trouxessem algo para comer. Embora eu não estava com fome, a ansiedade de não saber o que estava acontecendo me dava vontade de mastigar alguma coisa.

Enquanto Victor me relatava esse momento de sua experiência eu percebia que sua respiração estava sôfrega, ele parecia sofrer novamente todo aquele seu medo e sua dor. Toquei em seu braço para lhe dar força e confiança para prosseguir. Ele respirou fundo e continuou:

- No primeiro momento, o tratamento consistia em uma hidratação mais contundente, por meio de soro aplicado na veia, no intuito de fazer meus rins responderem de forma melhor. Eu tomava soro o tempo todo.

Segundo os médicos esse era o protocolo que eles deveriam seguir. Eu ainda estava com o duplo jota e o urologista que tinha feito minha cirurgia me visitava e dizia que tudo aquilo era normal. Assim que passasse o pós- cirúrgico, as coisas voltariam

216

a ser como era antes. Mas nada tirava da minha cabeça que havia algo errado acontecendo dentro de mim.

Uma das coisas que acontece quando a função renal não está boa é o aumento da pressão sanguínea. Precisei começar a tomar remédio para a pressão. Desde então tomo esse remédio diariamente. Antes dessa cirurgia eu nunca tive problemas de pressão. Sempre estava normalizada e dentro dos padrões. Somente passei a ter esse problema depois de todos estes procedimentos.

Nesta segunda internação, enquanto tudo acontecia, comecei a ter um medo muito grande. Na minha mente eu falava comigo mesmo o quanto não queria estar passando por tudo aquilo.

Ficava aterrorizando-me com um pensamento na possibilidade de ter que viver a experiência de hemodiálise dali para frente, ou algo parecido. Da hemodiálise, meus pensamentos começaram até a cogitar na minha própria morte.

Esses pensamentos desencadearam um medo incontrolável! Sentia-me perdendo o controle de meus pensamentos. Minha respiração ficou difícil e meu coração acelerava descompassado. Eu passei a sofrer de síndrome de pânico.

Nesse momento cabe eu te citar o que estava acontecendo na minha vida antes que todo esse drama me ocorresse.

Você sabe que eu tenho bases na formação de meu caráter a forte presença do cristianismo. Nossa mãe era evangélica e sempre nos levava para a igreja. Eu sempre levei muito a sério a vida cristã. Você já era mais tranquilo e fazia as coisas da igreja mais relaxadamente.

Fui batizado com 12 anos e procurei aprender tudo o que os líderes ensinavam e procurei sempre obedecer e experimentar aquelas aprendizagens em minha vida. Eu vivia apenas dentro dos muros evangélicos. Enquanto você sempre vivia sua vida dentro e fora da igreja sem muito compromisso, eu estava obcecado com tudo o que ouvia.

Com Dezoito para dezenove anos eu entrei para a polícia militar e nessa fase a gente se torna um pouco mais aventureiro e essa instituição nos abre bastante para experimentar o que realmente acontece dentro da sociedade.

Quando entrei para a polícia, decidi sair da igreja e ver o que acontecia no mundo fora dela. Voltei a estudar, ler outras coisas que não fossem religiosas. Eu sei que você já sabe de tudo isso, mas quero que você entenda completamente como eu via tudo ao meu redor. Vivenciei coisas que somente o trabalho policial possibilita. Vi coisas que as pessoas comuns e fora dessa instituição nem sempre têm a oportunidade de experimentar e ver.

Experimentei de tudo nessa vida de policial que vivi durante alguns anos. Principalmente quando fui fazer o trabalho externo, nas ruas da cidade. Mas nunca abandonei a minha fé cristã inicial.

Sempre procurei estar próximo de Deus, conhecer a verdade, sempre procurando entender o que Ele queria de mim, se as minhas atitudes, sentimentos e ações estavam em conformidade com a vontade d`Ele para minha vida.

As minhas dúvidas eram muitas, mas a que mais vinha a mente era saber qual era a vontade de Deus, como saber o que Ele queria. Eu tinha sido informado, mas não tinha certeza alguma. Apenas tinha informações que eram dadas pelos líderes religiosos e pastores sobre o que Deus queria para mim.

Eu as considerava apenas como informações de terceiros, eu queria ter certeza, ouvir dele mesmo o que ele queria para mim, ter minhas próprias convicções. Essas dúvidas me consumiam.

Antes que o episodio do cálculo renal acontecesse eu procurei um grande mestre e tutor espiritual. Ele havia me ensinado muitas coisas anteriormente e sempre teve a mente muito aberta para o conhecimento da verdade.

Eu o procurei e ele não estava mais em igreja alguma. Se retirou para um lugar distante e só aceitou me atender por telefone. Começamos a trocar ideias pelo whatsapp.

Queria fazer um "up grade" em minha vida espiritual porque depois de todas as minhas experiências na polícia, comecei a ler e estudar também outras religiões.

Depois disso ficou praticamente impossível entrar em uma igreja evangélica, ouvir tudo o que falavam sem fazer algumas críticas sobre alguns assuntos ali abordados. Nem tudo o que falavam fazia sentido ou me eram uteis. Muitas coisas que eu ouvia nos cultos, já não acreditava mais, já não faziam parte daquilo que eu acreditava.

Como qualquer outro ser humano, eu procurava me identificar com um grupo de pessoas que pensassem parecido com o que eu vivenciava e experimentava naqueles dias. Continuava tendo fé em Deus, mas não me identificava com ninguém, com nenhum grupo. Foi nesse estado que decidi procurar esse mestre da espiritualidade.

Nesse tempo em que passei por essa tutoria espiritual compreendi que Deus, o Criador é muito simples e ao mesmo tempo, tremendamente complexo.

Muito simples porque está aqui o tempo todo e eu estava tão cego que não conseguia percebe-lo. Não conseguia perceber que nós todos somos um e que todos estão ligados nessa energia vital.

Por isso continuei em busca dessa iluminação por meio de meditação, orações, tutorias com aquele mestre. Estava vivendo numa fase muito boa em minha vida. Morava em um apartamento excelente, minha casa tinha o conforto necessário, meu salário me dava condições de viver muito bem. Esse apartamento ficava bem próximo de meu trabalho. Saí do trabalho nas ruas e comecei a fazer trabalhos internos e, gostava do que fazia.

Estava estudando e me preparando para melhorar de cargo. Fiz a prova e quase passei, no entanto se tivesse passado teria perdido o curso por causa do problema renal. Estava vivendo um dos melhores momentos de minha vida. Mesmo tendo sido reprovado no teste, continuava buscando me conhecer melhor, estar mais próximo de mim mesmo e, a meu ver, estava experimentando o melhor momento de minha vida.

Comecei a compreender que o Deus que habita em mim, também habita no outro e que essa verdade nos torna uma rede divina de existência. Aprendi que o inconsciente, juntamente com a mente são os responsáveis por criar toda a nossa realidade de vida, que somos cocriadores com o grande Eu sou.

Mas essas verdades não poderiam estar somente dentro da minha cabeça, como se fosse apenas uma compreensão intelectual. Era preciso vivenciar e perceber essa realidade em meu dia a dia.

Eu dormia todas as noites com muita paz, agradecia a Deus por estar vivendo aquele momento tão bom. Continuava buscando uma vida plena e, meu mestre sempre dizia que a verdadeira espiritualidade tinha tudo a ver com a vida, com o tipo de convivência que temos com as outras pessoas, com aqueles que amamos. Assim era minha vida quando todo meu sofrimento começou.

Voltando ao hospital e à minha segunda internação, eu comecei a questionar a Deus porque tudo aquilo estava acontecendo comigo. Porque comigo, se eu não era uma pessoa que descuidava completamente de minha saúde? Comecei a fazer comparações como:

- Poxa! Tantas pessoas ai que não tomam os devidos cuidados e eu que cuidava de minha saúde, tomava certas medidas preventivas, estava vivenciando aquela situação tão dolorosa! Por quê? E os exames continuaram demonstrando que minha creatinina continuava alta e subindo.

Até que um exame específico revelou que meu rim esquerdo, durante a cirurgia havia sido danificado. A partir dali eu entendi que não era uma coisa simplesmente natural, uma reação do meu corpo. Houve um dano físico ocasionado por um erro médico.

221

Além desse dano, percebi que também tive um dano emocional muito grande. Porém o que perturbaria ainda mais minha cabeça estava por acontecer. Depois de um determinado tempo que eu estava internado, voltei a sentir muita falta de ar, meu corpo formigava, minhas vistas começavam a escurecer e meu coração disparava.

Como eu nunca havia sofrido esses sintomas, acreditava que eles eram físicos apenas e que eram consequência da insuficiência renal. Várias vezes esses momentos de tensão aconteceram. Nestes momentos, enquanto eu ainda tinha forças, apertava a campainha chamando a enfermeira.

Quando tinha alguém comigo no quarto, eu pedia desesperado que fosse até o corredor e chamassem a enfermeira. Rapidamente chegava uma enfermeira ou um médico e colocava um aparelhinho no meu dedo. Acho que o nome do aparelho era oxímetro.

Ele media de modo indireto a quantidade de sangue que estava sendo transportado por todo o corpo. O monitor do aparelho exibia a porcentagem de hemoglobina arterial. Por ser um aparelho não invasivo, ele é muito apropriado para medir a oxigenação em relação ao tempo. Geralmente ele é utilizado para casos de emergência ou para quadros de problemas respiratórios, como o que estava acontecendo comigo.

Diversas vezes que eu tive esses sintomas profundamente desagradáveis, eles utilizavam aquele aparelho, constatando que não havia nenhuma alteração biológica de fato. Após algumas vezes que isso se repetiu, os médicos e enfermeiros começaram a me olhar de maneira estranha, como se não estivessem entendendo o que estava acontecendo.

Depois de diversas repetições desses eventos, cheguei a conclusão que tudo aquilo que estava sentindo era advindo do aspecto emocional e psicológico.

Grande parte daqueles profissionais que estavam me atendendo não estavam preparados para lidar com as questões emocionais ou psicológicas; mal, mal estavam convictos do que fazer com os sintomas do corpo.

Eles demonstravam uma reação de raiva e impaciência depois de alguns ataques de pânico que tive. Isso aconteceu por diversas vezes e eles não gostavam muito da situação. Não gostavam de se sentirem inaptos.

Aqueles profissionais da saúde estavam muito mais preparados para lidar com o clínico, no sentido dos protocolos padrões que se repetem em situações semelhantes. Mas lidar com o emocional, o psíquico nem sequer sabiam como reagir diante disso.

Eu podia quase ouvir o pensamento deles dizendo para mim:

- Poxa, esse homem não pára de fazer gracinhas! Que frescura desse garoto! Fica dando esses ataques dele aí!... Interpretavam tudo aquilo que eu estava sentindo como sendo uma "pirracinha" infantil.

Mas hoje, depois de tudo que passei, compreendo as pessoas que passam por distúrbios emocionais como depressão, ansiedade ou qualquer outra enfermidade que não pode ser detectada por exames comuns.

Acho que a maioria das pessoas que sofrem de distúrbios psicoemocionais se sentem sozinhos porque a maioria das pessoas não entende e não acredita pelo que elas estão passando.

Os médicos e enfermeiros que me atenderam, assim como muitos outros, não estão preparados para lidar com essa questão humana. Reagem como se você estivesse fazendo drama e que teria que ser mais forte.

Para mim que estava passando por aquele momento tão difícil, eu esperava que eles fossem me ajudar nessa questão emocional também. Afinal era um sofrimento que refletia no físico. Mas eles não estavam preparados para isso.

Além dessa carência de compreender esse aspecto, percebi também como a medicina estava limitada em si mesma. Presa a protocolos automáticos que, com certeza viram funcionando muitas vezes, mas que, em alguns casos, era um fracasso total. Quando isso acontecia eles não sabiam o que fazer.

Várias vezes percebi que não sabiam o que fazer quando algo diferente do que era esperado acontecia. Iam repetindo protocolos automaticamente, seguindo determinadas diretrizes e caso não obtivessem retorno ou melhoras no quadro clínico, passavam para um próximo protocolo já existente.

Quando acontecia de não terem uma diretriz, ficavam completamente perdidos sobre qual deveria ser o próximo passo. Perceber tudo isso me trouxe muita insegurança. Enquanto eu padecia, ao observar as ações e reações daqueles médicos diante do quadro que eu apresentava, mais nervoso eu ia ficando. Isto piorava ainda mais meu estado de pânico.

224

Quando se tem um problema nos rins, você recebe a visita de dois tipos de profissionais. Um deles é o urologista e o outro é o nefrologista. O urologista cuidava dos aspectos em caso de cirurgia e o nefrologista dava um atendimento clínico para o cuidado e a manutenção do funcionamento dos rins. No meu caso, o nefrologista tinha uma abordagem completamente negativa e pessimista. Chegava e me dava informações aterrorizadoras.

Já o urologista era completamente oposto, chegava sempre me animando, dizendo que eu podia ficar calmo, que eu tinha um outro rim que estava funcionando perfeitamente e não precisava me preocupar.

Quando recebia a visita do nefrologista eu tinha certeza que aquela minha situação era gravíssima. Depois quando o urologista chegava, me tranquilizava. Era uma visão discrepante de um mesmo estado clínico. Como podia ser isto? A contradição entre eles não me deixava saber exatamente como estava minha condição.

Como eu sou uma pessoa muito questionadora (não que eu estava testando a competência ou capacidade deles, não era esse o meu intuito) fazia diversas perguntas e muitas vezes ficava estampado no rosto deles aquela expressão pensativa que me dizia:

- E agora? O que eu respondo para esse homem?

Cada vez ficavam mais claros para mim os limites da medicina tradicional.

Apenas para exemplificar o quanto essa medicina é limitada, quando tive uma das minhas primeiras crises de ansiedade ou pânico, duas médicas estavam me observando e iniciaram um procedimento na minha região abdominal.

Apesar de eu estar com as vistas escurecidas e o corpo todo "formigando" eu ainda conseguia ouvir a conversa delas:

- Temos que abrir esse garoto para ver o que está realmente acontecendo internamente com ele... A outra médica imediatamente retrucou:

- Não, de maneira alguma! Não há necessidade, olha só!

Isso quer dizer que, se a outra médica não estivesse presente e discordasse do que a primeira afirmou, elas teriam aprovado uma incisão em minha cirurgia novamente para me analisar, só para ver o que estava acontecendo.

Eu sei que médicos não são deuses e muitas vezes eles precisam discutir e tentar clarear um determinado estado clínico, passando pelo caminho do erro e acerto. Mas como paciente, acredito que não precisava passar por isto.

A partir daquele momento passei a não dar tanto crédito ao que eles falavam. Me voltei mais para o que eu tinha aprendido sobre saúde com meu tutor e mestre espiritual.

Iniciei também uma busca por conhecimento e aprendizagens em diversos livros e na internet sobre temas como alimentação e saúde.

Quando meu irmão falou isso, tive vontade de interrompê-lo e falar sobre o Dr. Ademar, porque ele teria como ajuda-lo a vencer, com menos sofrimento, aquele momento. Mas ele estava tão absorto em sua narrativa que sorri e deixei que ele continuasse:

- Assim iniciei a prática de meditação. Entrei no site de meu mestre onde ele disponibilizava uma meditação guiada que repetia frases que procuravam me dar uma identificação para além de todas as coisas que me fizeram ser até aquele momento.

Percebi que, na realidade, o que me movia durante aquelas meditações era o medo, quando eu não me identificava com meu corpo, eu me sentia melhor porque eu não queria ser aquele corpo, porque ele estava doente. Eu não estava praticando a meditação de forma correta. O propósito daquela meditação não era esse. Posteriormente eu vim a entender isso.

As crises de pânico não paravam, mas os médicos não davam atenção a isto. A creatinina não chegou aos níveis normais, mas se estabilizou em um nível mais alto. Sendo assim, agora o padrão médico era liberar o paciente e deixa-lo aos cuidados do nefrologista.

Eu me lembro que durante o tempo que estava internado, pensava nos meus filhos. Pensava em tudo que eu queria fazer, principalmente com meu filho mais velho. Brincar, ajuda-lo em suas descobertas, rir de suas gracinhas, participar de seu crescimento.

Pensava nos planos de viagens que eu queria fazer com minha esposa e nessa altura, quando recebia sua visita, percebia o quanto ela estava exausta. Cuidar de duas crianças tão pequenas e ainda cuidar da casa e ter tempo para fazer visitas ao hospital. Não foi fácil!

Naqueles dias que eu pensava que iria morrer, passei a dizer para todos, que me rodeavam, o quanto eu os amava. A única coisa que eu queria dizer era o quanto eu amava a todos eles. Você se lembra quantas vezes te liguei e dizia para você e nossa mãe o quanto eu os amava?

O quanto vocês eram importantes na minha vida? Porque se de fato eu fosse morrer, queria que todos soubessem essa verdade.

-       Meu irmão estou assustado! Por que não nos contou tudo isso naquele tempo?

-       Fiquei preocupado com mamãe, não queria que mais alguém ficasse envolvido nesse momento de ansiedade. Eu errei e te peço perdão. Ele retomou imediatamente sua historia:

-       O interessante é que algo emocional oposto aconteceu comigo também. Assim que voltei do hospital pela segunda vez, eu não queria ver ninguém, não queria ninguém perto de mim.

Não queria me aproximar das pessoas. Não tinha fome, sentia enjoo o tempo todo, meu estomago estava ruim, uma angústia e uma dor muito profunda.

Eu acredito que não queria me aproximar de meus filhos porque no fundo, no fundo eu acreditava que iria partir e já queria me desligar deles, para não sofrerem tanto.

228

Minha esposa estava tão assustada quanto eu. Tanto física quanto psicologicamente ela já não tinha forcas para trabalhar com aquilo tudo. Comecei a indagar novamente por que tudo aquilo estava acontecendo comigo.

De acordo com minhas crenças cristãs, a verdade liberta. Então eu aproveitei o momento, onde estávamos sozinhos, eu e minha esposa e decidi falar todas a verdades que eu havia vivido ate aquele momento e ela ainda não sabia. Coisas que só depois de uma conversa com meu mestre percebi que não deveria ter feito.

Segundo ele relacionamento a dois precisa de uma intimidade profunda temperada com um distanciamento que define a individualidade. Em outras palavras os meus segredos não precisam ficar escondidos, isso faz mal para o espírito, mas não é bom compartilhar com quem você vive um relacionamento porque pode causar reações a curto e longo prazo desagradáveis para o relacionamento.

Infelizmente essa crença de culpa, de ter que confessar os erros e desacertos, daquilo que nem sempre é errado, ás vezes está apenas dentro de nossa cabeça.

Eu vivi por um bom tempo aquela convicção estranha de que iria morrer. Naquelas noites eu estava enfrentando o maior medo que me acompanhava desde minha tenra infância. O medo da morte!

Quando eu tinha quatro anos, estava brincando, lembro bem que estava muito feliz naquele dia e acabei questionando minha mãe se nós morreríamos algum dia. Eu tinha medo que minha felicidade acabasse de repente.

Ela me respondeu que sim, que todos nos morreríamos. Quando ela disse isto, senti uma enorme decepção. Foi a maior frustração da minha vida porque eu achava a vida tão linda, tudo era tão maravilhoso que pensar na ideia de um corpo inerte, frio e gélido, sem cor e pálido, enterrado, se transformou num terror na minha cabeça infantil.

Nossa mãe, sendo evangélica tentou me consolar com a ideia cristã de que nós ressuscitaríamos em cristo um certo dia no futuro e que nós nos veríamos de novo no céu. Aquela explicação não me convenceu. O que ficou gravado dentro de mim foi a dor de saber que um dia este corpo iria perecer.

Três anos depois, outro fato que me lembro bem marcou esse meu medo de morrer. Foi quando nossa vovó materna faleceu. Fomos ao enterro dela e quando decidi entrar para ver o corpo dela, estava tentando vencer meu medo de morrer. Eu dizia para mim mesmo que eu precisava vencer aquele medo.

Enquanto eu atravessava o cemitério estava convicto que precisava entrar no velório e ver nossa vovó morta. Era a primeira vez que iria ver um corpo morto em minha vida.

Eu já era bem crescido fisicamente, mas emocionalmente era muito criança ainda. Assim que entrei na sala onde o caixão estava aberto, expondo nossa vó, pude vê-la com algodões nas narinas.

A pele dela estava pálida e nossa mãe soltou um choro que eu nunca tinha ouvido antes. Um choro que vinha do fundo da alma dela, um choro amargo, doído.

230

Nesse momento o pânico tomou conta do meu coração. Virei para trás em direção à porta de saída e não consegui voltar ou me aproximar do caixão da minha vó. O medo me venceu aquele dia. Ele voltaria a me assombrar exatamente quando eu menos esperava.

Voltando à minha doença, consciente de que a medicina tradicional era limitada e o que ela podia fazer por mim já estava fazendo, decidi eu mesmo cuidar dos aspectos emocionais e espirituais que me afligiam naquele momento.

Foi quando eu ouvi de meu mestre o seguinte:

- Você em algum momento, optou por isso em sua vida.

Não sei se consciente ou inconscientemente eu havia optado para estar no estado em que eu me encontrava, segundo ele.

Foi muito difícil aceitar isso, porque nos meus pensamentos, eu não queria estar assim. Mas o meu inconsciente, ele não está acessível. Não tenho consciência de tudo que acontece em minha mente. No fundo, por conhecer um pouco de psicanálise, desconfiava que uma criança que ficava muito sozinha – você se lembra de quantas vezes ficávamos sozinhos enquanto nossos pais trabalhavam? – Queria arranjar uma forma de chamar a atenção, e, talvez, essa doença minha de adulto, seja resultado dessa criança inconsciente querendo chamar a atenção deles. Porém, admitir que havia algo inconsciente em mim que produzia aquela realidade dolorosa era quase impossível. Mas já diziam que o coração sabe de coisas que a própria razão desconhece!

Outra coisa que meu mestre me disse e orientou, quando estávamos visitando algumas questões minhas do passado, era que eu briguei com meu amor e precisava fazer as pazes com ele.

Recordei do amor que sentia por tudo quando criança e não conseguia me lembrar quando foi que esse amor deixou de fazer parte de mim. Desde então tenho procurado essa iluminação, conversado com o criador, conversado comigo mesmo. Ainda assim o medo de vez em quando toma conta de mim e eu não consigo controlar.

Quero encontrar a paz que excede todo o entendimento. Eu quero, mais do que nunca encontrar com a mente criadora e sustentadora do universo e vencer esse medo que esta sempre á espreita nos lugares escuros de minha mente. Deixa eu voltar á minha história.

Assim que eu fui liberado do hospital, me deram um encaminhamento para um psiquiatra e também para um psicólogo. Imediatamente procurei fazer as consultas.

Quando cheguei no consultório do psiquiatra tive uma impressão muito agradável. Era um lugar muito aconchegante. Uma espécie de casinha com um pequeno jardim na frente. Não tinha nenhuma aparência de consultório médico, completamente diferente da imagem de um hospital.

Entrei para uma sala e o psiquiatra foi logo me perguntando o que estava acontecendo. Eu falei tudo o que havia ocorrido desde os primeiros dias que descobri que estava com problema renal.

232

Num determinado momento ele me perguntou... É... não me lembro exatamente as palavras que ele usou mas ele fez uma pergunta que soou como se esperasse que eu desse o meu próprio diagnostico.

Fiquei assustado, estava muito sensível por tudo o que tinha passado, esperava que ele me dissesse o que realmente estava acontecendo comigo.

Da parte dele, não houve nenhuma análise do meu caso, não me pediu nenhum tipo de exame biológico, o que eu acho que deveria ter feito porque quando estamos sentindo uma depressão ou ansiedade, nosso corpo demonstra isso pelo excesso ou ausência de determinadas substâncias químicas. (já havia lido essa informação em algum lugar na internet).

A consulta não deve ter demorado nem mesmo cinco minutos e ele simplesmente falou:

- Olha, você está meio depressivo né? Como se esperasse que eu pudesse confirmar isso e tudo estivesse resolvido.

Fiquei muito decepcionado com a atitude daquele profissional que não pareceu se importar com nada daquilo que eu havia relatado para ele. Depois citou uma frase sem nenhuma expressão facial ou que demonstrasse, no mínimo interesse em minha melhora:

- Vou te receitar um "remedinho" aqui e dentro de uns trinta dias você volta aqui pra gente ver como você está...

Sai dali com uma sensação de vazio. Eu acreditava que um atendimento à saúde de um ser humano que relatasse todos os sintomas que eu relatei, não poderia ser simplesmente assim. Sem nenhum exame, sem entender ou tentar me explicar tudo o que eu estava sentindo, sem entender realmente o estado em que eu me encontrava. Nada! Apenas remédio! Ah! E sem garantia de que iria melhorar! "... Volta aqui pra gente ver como você está..."

De qualquer forma, devido ao desespero em que eu me encontrava, com medo daqueles sintomas piorarem, saí dali e fui até uma farmácia mais próxima e comprei o remédio que ele me receitou. Até hoje ainda estou fazendo uso desse remédio controlado.

Voltei ao trabalho com algumas restrições e naqueles primeiros dias não conseguia ficar dentro de ambientes onde havia muitas pessoas. Não estava suportando excesso de barulhos. Esses ambientes me causavam fobia.

Não conseguia conversar e tinha grande dificuldade para comer. Emagreci doze quilos em menos de um mês. Voltei a ter o peso que eu tinha quando era um jovem de 18 anos. Ainda assim, continuei acreditando que aquela falta de fome, aquele estômago ruim, náuseas, tudo que eu estava sentindo poderia ser apenas fisiológico ocasionado pelo problema do rim.

Não conseguia conceber que todas aquelas sensações corporais eram resultado de um desequilíbrio emocional e psíquico. Não acreditava, ainda. Depois de passar pelo psiquiatra, fui a um outro urologista e dois nefrologistas para obter mais opiniões sobre o meu caso. O engraçado é que o urologista sempre tinha uma visão mais otimista.

Dos dois nefrologistas, um era todo metódico. Me fazia diversas prescrições e me mandava ter diversas limitações. Já o outro era bem mais tranquilo, não aprofundava no assunto e era bem mais otimista. Essas reações contrárias, até mesmo de profissionais da mesma área médica, novamente me perturbaram me deixando muito inseguro e cheio de dúvida.

O fato é que depois dessas consultas, além do remédio para ansiedade e pânico, eu deveria tomar o remédio para a pressão. Teria que limitar o consumo de proteínas, quase que reduzir por completo e também comer quase que sem o uso de sal.

Tudo isso foi me deixando em frangalhos porque eu adoro comer. Essa situação estava me incomodando para além do que eu podia suportar. Fiquei extremamente nervoso e explodia por qualquer coisa.

No intuito de buscar a minha espiritualidade e a verdade a respeito das coisas, me aprofundei em estudos de várias religiões. Espiritismo, a própria religião cristã, budismo e algumas religiões orientais.

Fui buscando algum significado que pudesse fazer sentido para mim tudo o que estava passando e que pudesse me aproximar do criador. Nenhuma das religiões me convenceu porque dentro de mim eu já sabia que a resposta não podia vir de algum lugar exterior. A resposta tinha que vir de dentro de mim mesmo.

O folego da vida que está em mim foi a resposta. Era a energia do criador que está em mim e que me mantem vivo e todo o meu corpo funcionando e, apesar de saber disto com minha mente racional, eu não a experimentei no mais profundo de sua essência. Estou em busca dessa iluminação até o momento presente. Já vislumbrei em alguns momentos essa verdade, mas ela vem e desaparece, por isso permaneço na busca.

Como eu estava em busca de melhorar o meu jeito de ser, comecei a observar as minhas sombras também. As vezes eu me pegava andando nas ruas e pensando exatamente como havia pensado antes:

- Poxa vida! Aquela pessoa não toma nenhum cuidado com a vida dela e está vivendo muito bem! E eu, que tinha um certo cuidado com minha saúde, estou aqui tendo que passar por tudo isso. Me sentia vítima de alguém, talvez da própria vida.

Quando percebia que estava tendo esse tipo de pensamento, eu me questionava:

- Meu Deus! Quando eu vou chegar a iluminação? Eu estou julgando tudo ao meu redor, não sei de nada da vida do outro, como ele se alimenta, como se cuida. As vezes falo que cuido de mim, mas sei que esses cuidados não são lá tão corretos assim.

Cada ser humano tem infinitas possibilidades de experienciar sua existência e eu não sei nem sequer se realmente cuidei corretamente da minha saúde. Aliás, ficou claro para mim que realmente não cuidei. Porque sou eu quem estou enfermo!

Nos primeiros dias, quando eu ainda estava muito assustado com tudo, seguia à risca toda a dieta que os médicos haviam me passado, mas como a ansiedade e o pânico vinham me consumindo, nesses últimos dias eu tenho falhado bastante com a dieta. Não tenho conseguido cumprir a dieta como deveria, confesso.

Mudar um estilo de vida, meu irmão, tem que ser no peito e na raça! Tanto no aspecto curativo, quanto no aspecto preventivo. Até mesmo, as pessoas mais íntimas e que acompanharam um processo como o meu, têm dificuldade, em geral, de adaptar a essas mudanças. Outras vezes, até criticam. Mexer na cozinha de uma família é algo bastante complexo e possui muitos desafios.

Tenho amigos que se referem a minha nova alimentação, como alimentação de animais e à deles como alimentação de humanos. Isso porque nesse processo, fui obrigado a pesquisar e descobrir que precisava voltar a uma alimentação muito mais natural. Aquela de nossos avós e dispensar, no dia a dia, Essa "alimentação" artificial e industrializada, mas que infelizmente, a maioria das pessoas ainda acredita ser uma alimentação correta. Eu sei que a responsabilidade de cuidar do meu corpo é minha e não posso ficar esperando a iniciativa das pessoas para ter uma vida mais saudável.

Quando fui visitar a psicóloga tive conversas muito boas, mas percebi que não me acrescentavam quase nada. Aproveitei para trocar de profissional quando houve uma falha no sistema de marcação de consultas, na expectativa que um outro profissional pudesse ser melhor.

A nova psicóloga acabou me contando um pouco de sua própria história e assim, fui me identificando com ela. Ela teve uma história parecida com a minha. Foi criada dentro de uma família adventista e depois começou a participar de uma religião onde se tornou uma sacerdotisa de Wicca. Uma religião muito antiga e que vem crescendo o número de adeptos no Brasil.

As nossas conversas têm sido importantes para mim porque estou podendo falar muito sobre religião e sobre as minhas crenças. Quando estou falando sobre isso, minha intenção é abandoná-las ou encontrar respostas mais profundas que me tragam saúde e paz. Quando digo isso, me refiro a religião internalizada. Eu ouvia tudo em silencio e boquiaberto. Ele continuou:

- Percebo que continuo num conflito dentro de mim. Eu penso em fazer algo, mas as minhas atitudes são diferentes. Sei que tenho que seguir uma dieta, mas sempre me vejo comendo outras coisas e não consigo segui-la a risca, mesmo sabendo que posso me prejudicar. Como isso é possível?

Quando ele perguntou isso, seus olhos se encheram de lágrimas, seu olhar e seu rosto pareciam demonstrar seu grande conflito interior. Mas ele não esperava que eu respondesse tal pergunta.

Sem dizer uma palavra, eu toquei em suas mãos como apenas dizendo:

- Estou aqui com você! Você não está sozinho nessa batalha. Ele suspirou e com meu apoio prosseguiu:

- Com relação aos remédios, também continuo tomando e tem um deles que me deixa muito tranquilo. Agora eu entendo por que algumas pessoas que utilizam de drogas têm tanta dificuldade em abandoná-las. Elas nos dão um alívio instantâneo das emoções que ficam dentro da gente pesando e nos perturbando.

Atualmente então estou nessa condição. Sei que preciso desses remédios por um período, mas já estou pesquisando uma nova medicina e velha medicina que possa me dar mais respostas. Essa medicina é totalmente baseada na natureza quando ela suplementa os minerais, as vitaminas e os hormônios necessários a boa saúde.

Eu comecei um trabalho intenso de reprogramação mental. Várias vezes no dia coloco áudios com frases e sentenças que tentam reprogramar o meu modo de pensar, falando que eu sou o amor, eu sou feliz e coisas do tipo. Tenho lido livros que me fazem ver a realidade de maneira diferente do que estava acostumado a ver. Faço aquilo que posso para superar tudo isso.

No meu trabalho já posso voltar as atividades normais, já consigo fazer atividades físicas um pouco mais pesadas, mas continuo com as sombras da ansiedade e do medo sobrevoando sobre meu coração dia e noite.

A partir do momento que eu comecei a mentalizar para mim mesmo uma vida melhor muitas coisas começaram a acontecer. Uma delas, como já havia te falado foi a mudança do apartamento onde morava e mudei para essa casa. Veja ali naquele canto a minha rede! Era algo que eu sempre sonhava. Ter uma casa com uma rede na varanda para descansar.

Você observou como a casa esta toda reformada? Eu acenei com a cabeça concordando e sorrindo. Agora minhas crianças têm espaço para brincar... E olha que antes da doença eu nem pensava nisso...

Enquanto ele dizia tudo aquilo, mais uma vez, me lembrei de algo que li que dizia assim:

"Não existem doenças, existem sintomas e eles vem com uma mensagem nos dizendo que existe alguma coisa errada em nossa vida e que precisamos tomar alguma atitude."

- Ver meu filho mais velho correndo e brincando nesse quintal, prosseguia sua narrativa, Quando ele pega a bicicletinha dele e tenta dar suas primeiras pedaladas. Ver o outro mais pequenino começando a dar os seus primeiros passos aqui no terreiro, é tudo muito bom! Aqui tem espaço pra tudo isso e tudo isso não tem preço.

Eu não tenho dúvida que a medicina tradicional pode ajudar em muitos casos de doenças, mas o que ficou pra mim em toda essa experiência é que ela está muito limitada ainda. Eu não desisti de minha cura completa e procuro vencer esse medo da morte que me assombra de vez em quando. Então comecei a substituir o meu pensamento de morte para a vida. Ainda continuo lutando contra crenças que não funcionam mais para mim.

Parei de pesquisar as religiões porque se eu continuasse tentando entender Deus pela minha razão, eu ficaria louco. Acredito que essa energia de vida que permeia tudo e todos numa rede harmônica está também presente em meu corpo. É uma insanidade tentar entender Deus, querer compreender esse sistema tão complexo da existência humana de forma apenas racional.

Hoje eu sei que preciso entrar em contato com as forças da natureza que podem vir a me curar completamente. A lógica e a intelectualidade não conseguem entrar em contato com essa sintonia da vida.

Eu quero muito educar os meus filhos, vê-los crescer, fazer as viagens com minha família que sempre planejei, continuar o meu trabalho na polícia, continuar fazendo as coisas mais simples de meu dia a dia.

Não tenho dúvidas que se a medicina atual não se alinhar com a espiritualidade, com o novo conceito de cura que é trazido por outros segmentos do conhecimento humano, como é o caso da psicanálise, ela não terá futuro.

Ele pausou sua fala, olhou para mim com um sorriso ainda impactado por suas últimas experiências dolorosas. Experiências que ainda povoavam suas lembranças e que o obrigava a recorrer aos seus remédios.

Eu sorri por ouvir aquela espécie de desabafo. Ele nunca dantes havia aberto o coração comigo daquela forma. Eu tinha muito para dizer a ele mas preferi ficar em silencio porque sabia que ele estava trilhando um caminho de crescimento e desenvolvimento pessoal. Eu não queria interferir diretamente nisso. Pelo menos não naquele momento onde ele parecia querer apenas desabafar.

Sua esposa veio sorrindo da cozinha juntamente com minha mãe e perguntaram se já havíamos terminado nossa conversa. Ele disse que sim e se levantou, me deu um abraço e agradeceu por tê-lo ouvido com tanto carinho.

Enquanto voltávamos os quatro para dentro de casa fiquei pensando que ele havia me revelado, através de sua história, mais uma vez, o conflito entre a opção pela medicina sistêmica e a opção pela medicina farmacológica.

Mas que por detrás desse conflito havia um outro oculto e era nele que eu estava interessado. O medo de ficar livre da medicina tradicional se revelava pelo contínuo uso de remédios produzidos pela indústria química e farmacêutica.

Sai de sua casa feliz de ver que ele já estava enfrentando seu conflito pessoal. Sabia que ele iria vencer, que iria se livrar da dependência dessa química externa e elevar o estágio de sua química biológica pessoal. Ele só precisava de mais tempo.

Pensei que eu poderia escrever essa história e assim ajudar meu irmão a vencer seus conflitos pessoais e a muitos que precisariam trilhar o caminho e o processo de sua busca por uma vida mais plena e mais saudável.

Como Victor era um cristão, precisava ser conduzido para uma consciência de que ele é uma manifestação do criador, que Cristo é a energia que flui em cada órgão de seu corpo. Precisava saber que, se o seu ego, com suas crenças e certezas, não interferisse nas vontades e práticas de seu dia a dia, ele encontraria a vida de saúde plena. Nada poderia mantê-lo estagnado em seus hábitos e costumes fatais! Nada poderia mantê-lo preso aos seus medos e ansiedades, se tão somente se, ele silenciosamente ouvisse a voz da vida em si mesmo.

Somente quando Victor e todos os homens não verem mais Deus fora de si mesmos e passarem a perceber que a fonte da vida, do amor, da harmonia e da homeostase está presente em

242

cada órgão de seu corpo, em cada célula, em cada sistema, estarão verdadeiramente livres e desprendidos de toda e qualquer pressão e impulsos externos.

Depois de tudo o que ele me relatou concluindo que ainda precisava de uma química externa (produzida pela indústria farmacêutica atual) para equilibrar sua química interna; que não conseguia se alimentar corretamente continuamente, mesmo com danos visíveis à sua saúde, ficou claro para mim que ele, apesar de todos os seus avanços pessoais, ainda estava sendo vencido no seu enfrentamento do conflito.

Toda a sua história foi o impulso que eu precisava para tomar minha decisão de ir fundo nessa história e encontrar uma solução para tal condição humana.

Passei o fim de semana com sua família e na terça-feira bem cedo saí para retornar para minha casa. Durante o trajeto de volta, minha mãe percebeu que eu estava eufórico e me perguntou o motivo.

Eu lhe disse que agora estava com uma grande missão para cumprir. Iria escrever uma história que poderia ajudar muita gente.

Durante o restante da viagem percebi que ela se voltou para pensar em suas questões pessoais, enquanto eu me recordava, em profundo silencio interior, os momentos que estava no hospital fazendo a hormônio terapia e a radioterapia em um dos hospitais mais bem equipados contra o câncer.

Eu me lembro muito bem que do lado de fora da sala de quimioterapia, enquanto aguardava minha vez de tomar a injeção de hormônio, um funcionário da cozinha do hospital trazia seu carrinho de lanche para distribuir gratuitamente aos doentes: Pão francês com margarina, com queijo, presunto e suco.

Quando perguntei que tipo de suco estava servindo, o funcionário me disse que era suco artificial e que continha açúcar! Fiquei estagnado e perplexo. Como servir açúcar exatamente para aqueles que jamais poderiam fazer uso dela? A inconsciência fazia mais vítimas ali. Pensei desesperado naquela época.

Em frente a sala de radioterapia uma mulher chegou deitada numa maca, seu rosto estava pálido. Seu acompanhante a servia um suco industrializado de laranja e ela sugava sofregamente o canudinho o alimento de seu câncer. A inteligência corporal não comandava o ego e os hábitos da mortandade que assola ao meio dia, alí imperavam.

Será que eles não sabiam que o suco industrializado – e olha que o natural é pura frutose! - e o açúcar eram, e ainda é, um grande alimento para o câncer? Talvez até soubessem, mas nunca haviam vencido nenhuma batalha diante do conflito que eu havia descoberto.

Estavam ali, morrendo aos poucos e alimentando seu próprio inimigo. Estava ali a cena final de um guerra cujo final já era previsível: Morte!

Na porta desse mesmo hospital diversos vendedores ambulantes apresentavam enormes doces de leite e de coco. Eram redondos e atraíam olhares cobiçosos e famintos por algo que silenciosamente nutria a aproximação de sua fatalidade.

244

Eu os via admirados e temerosos dando enormes mordidas frenéticas naqueles doces suculentos e deliciosos ao paladar, porém mortais para a sua saúde.

Muitos médicos sabem dos malefícios desse alimento para quem tem doenças autoimunes. Até orientam e ordenam seus pacientes para não comerem e manterem uma dieta saudável, mas os doentes não conseguem vencer o poder da vontade e do delicioso fúnebre paladar. Gostam e se voltam com toda sua vontade para alimentos que destroem a vida, mas que satisfazem os seus desejos e suas vontades sem consciência corporal.

Ao ver essa condição humana, alguns médicos ignoram, outros são condescendentes e nem sequer percebem, continuando aplicando seus protocolos indiscriminadamente, automatizados, sempre na esperança, ás vezes tola, de obterem um bom resultado.

Mas eu entendo meu irmão e todos aqueles que perdem as batalhas desse grande conflito. Cada batalha que travei, fui vencendo a natureza da doença e da apatia que colabora para que o corpo também envelheça sem saúde.

Com lagrimas nos olhos lembrei que após a radioterapia fiquei sofrendo de praticamente dois efeitos colaterais. O primeiro dele foi imediato: Uma leve polaciúria que foi diminuindo com o tempo e uma dilatação varicosa das veias anorretais submucosas interna e externa que foi se agravando com o passar do tempo.

As externas eu tratei com supositórios de babosa que eu mesmo fiz colhendo-as no meu quintal e congelando-as. Depois as cortava em cubos e as usava. Com apenas dois meses de uso elas desapareceram.

Depois, sob orientação de um médico sistêmico da região, fui tratando com suplementos e frequenciais florais. Assim me livrei desses efeitos colaterais incômodos. Mas o conflito ainda não estava completamente vencido em minha vida.

CAPÍTULO 6
REVELA-SE O VERDADEIRO CONFLITO!

Passaram-se alguns dias quando pensei ter terminado minha história e já estava iniciando as correções finais. Comecei revendo alguns detalhes e quando estava em meio as correções, dei uma olhada mais detalhada em como estava minha saúde.

Fui em um médico e ele pediu alguns exames de rotina só para que eu ficasse tranquilo. Dentre aqueles exames estava o pedido de medição da creatinina. Quando o resultado saiu, eu levei para o médico. Ele olhou e disse:

- O valor de sua creatinina deu um pouco alterado. deu um valor de 1.5.

Eu e minha mãe ficamos preocupados, Ela olhou para mim com uma interrogação, como dizendo:

- Será que esse laboratório fez tudo certinho? Porque estamos cuidando muito bem de sua saúde... Segundo alguns especialistas, o valor normal de creatinina no corpo tinha que ser no máximo 1,4. Aquele valor poderia indicar um pequeno problema nas funções renais.

Com muitas dúvidas sobre o que poderia estar acontecendo decidi ligar novamente para o Dr. Ademar.

Ele calmamente e muito solícito me orientou que durante uma semana eu bebesse de dois a três litros de água diariamente e de preferência com um pouquinho de sal e depois repetisse o exame.

Até aquele dia eu acreditava ainda que bastava tomar seis copos de água por dia e tudo estaria bem. Nunca fui muito de ter sede e não gostava muito de beber água. Muitas vezes, no dia a dia, esquecia dessa necessidade, porque estava ocupado e focado em outra atividade.

Decidido a obedecer comecei a me forçar a beber a quantidade de agua indicada por ele. Depois de dez dias me esforçando e tomando diariamente a mesma quantidade, fiz novamente o exame. O resultado foi inacreditável. Minha creatinina agora estava dentro dos critérios considerados normais.

Pense bem! Uma semana apenas de um cuidado com a quantidade de água e minhas funções renais já estavam estabilizadas. Inacreditável! Prometi a mim mesmo nunca mais parar de tomar a quantidade mínima de dois litros de água diariamente.

Quando me forcei a beber mais água do que estava acostumado, o fenômeno da vontade e do gosto aconteceu mais depressa. Depois de trinta dias bebendo de dois a três litros de água diariamente, eu passei a ter vontade de beber água de hora em hora. Venci essa outra batalha!

Hoje eu fico me perguntando como que alguém consegue viver sem se alimentar bem? Como alguém consegue passar um dia sequer sem beber pelo menos dois litros de água por dia?

Ao ver os processos e as batalhas que já travei nesse grande conflito, minhas dificuldades e o tempo que precisei para me adaptar a essa nova natureza humana e, também acreditar e seguir essa nova medicina sistêmica, eu sabia o quanto, tanto meu irmão quanto aqueles que chegassem a perceber o conflito, teriam dificuldade para levar a cabo sua própria vitória.

Mas eu sei que a vitória e a transformação já estão a caminho! Sei que depois dessa experiência com o corona vírus, mídia, redes sociais, política, economia, tudo seria diferente.

O que acontecerá com a política brasileira? Não sei! O que acontecerá com o futuro da medicina? Talvez uma síntese saudável dos dois pontos de vista aqui apresentados.

O que acontecerá com você ? Isso é decisão sua!

A condição humana é uma condição muito estranha. Nós precisamos perceber e aceitar isso. Vivemos num corpo que tem um funcionamento muito complexo, repleto com tantas atividades que ainda desconhecemos. As vezes estamos vivendo nossas vidas indiferentes ao corpo enquanto ele trabalha para a própria saúde e para a própria manutenção.

Em algumas outras vezes sucumbimos lentamente diante desta luta, cedendo lugar para uma doença que se desenvolve silenciosamente nos lugares que não são visíveis ou facilmente perceptíveis. A maioria de nós não toma consciência destes dois processos: o de adoecimento e o de saúde.

Uma coisa que descobri, ao longo desta jornada, buscando a minha consciência corporal, ao prestar atenção nestas questões de saúde, foi que o corpo nos tratará da mesma maneira como nós o tratamos.

Se o tratamos com as coisas que ele precisa e muitas vezes exige de nós com sinais sutis; com as vitaminas e tudo o que foi falado durante esta história; se prestarmos mais atenção na casa onde habitamos e onde fomos moldados como personalidade, nós cuidaremos melhor deste nosso corpo.

Cuidando melhor do corpo teremos uma vida melhor porque o corpo irá nos recompensar. Ele nos dará mais força, mais tranquilidade; liberará químicas melhores para que possamos estar mais felizes, mais dispostos e com mais vontade de viver.

A vida alimentada vai gerar mais vida! A morte alimentada vai trazer morte, ainda que, em algumas vezes ela venha lentamente! Não há lei que quebre este princípio e, por ser algo tão sério e inexorável, não podia me isentar da responsabilidade de revelá-lo.

Victor, meu irmão precisava saber que, se decidisse seguir uma nova dinâmica de vida, precisaria ser acompanhado por um médico que trabalhasse na mesma linha do Dr. Ademar. Que não apenas prescrevia protocolos mais uteis e convenientes, mas que ensinava a vencer este conflito pessoal.

Procurei saber se existia algum médico que fazia atendimentos com base na medicina quântica e sistêmica que morava perto dele. Assim que descobri, liguei para ele e passei o endereço. Ainda não sei se ele o procurou ou não.

Somente seguindo este novo caminho ele seria capaz de abandonar essa acomodação á medicina tradicional e também alcançar uma vibração emocional e psicológica mais elevada.

Os estudos médicos mais atualizados já perceberam e comprovaram que o estilo de vida, a estrutura emocional, o ambiente como um todo, influenciam o estado de saúde de cada individuo e este também, com suas ações e reações, pode provocar saúde ou enfermidade para todos que o rodeiam e, em ultima instancia, para o planeta.

A maior prova dessa rede que começa no individuo e se alastra para o ambiente externo para alcançar outras pessoas, foi o evento mundial da covid-19. Onde uma pessoa, que foi contaminada e sucumbiu por causa de um corpo debilitado, transmitiu para o ecossistema esse pequeno vírus que invadiu todo o planeta.

Assim, o sistema se revela como uma rede só, dentro e fora de nós. Buscando o equilíbrio que poderíamos traduzir como harmonia e homeostase planetária.

Embora percebamos o conflito, e muitas vezes, vivenciamos ele, este não pode ser o objetivo final da existência humana.

O conflito existe sim, mas é a paz e a harmonia que são o princípio da vida. É isto que estamos buscando e encontrando.

O principal fundamento da vida não é o conflito em si, mas em como trazer a paz e a harmonia entre todos os sistemas. Harmonia e equilíbrio da mente, das emoções, do corpo e do mundo. E isso só é possível entrando e ultrapassando este nível de conflito!

Dr. Ademar Schönfelder, Saúde Fácil em Tempos difíceis

Eu precisava juntar todas as peças de minhas historias para realmente captar o conflito que dava origem a todos os conflitos que presenciei durante minhas pesquisas e durante o periodo de quarentena por causa do corona virus.

Desde o primeiro encontro com Dr. Ademar, quando visitava pela primeira vez a linda cidade de Pomerode, passando por meus desafios pessoais, o período da covid-19 até o encontro com meu irmão, percebi que tudo tinha um ponto em comum: A saúde.

Olhando hoje para as coincidências que ocorreram durante todo esse período, elas mais me parecem providências de uma mente superior, para que eu compreendesse o grande conflito que jazia oculto nos escombros de uma humanidade cindida.

Ao ouvir a historia do Dr. Ademar, vendo seus conflitos com a medicina tradicional e como ele veio crescendo, não entendia por que os outros médicos se incomodaram tanto com o trabalho que ele fazia com tanta maestria e dedicação.

Se todos o trabalhadores e médicos do hospital trabalhavam para recuperar a saúde de seus pacientes e o Dr. Ademar também, por que iriam eles desejar que ele parasse de fazer seu trabalho? Seria somente inveja ou haveria algo mais profundo que motivou tal conflito?

Na minha própria história eu vi meu conflito. Ele começou quando decidi mudar meus hábitos alimentares e cuidar mais da minha saúde do que focar em alguma doença específica.

Não adiantava nada as informações sobre saúde que o Dr. Ademar me passava, as orientações que ele me dizia por telefone ou quando nos encontrávamos, se eu não conseguisse coloca-las em prática. Precisava lutar contra algo que sempre entrava em conflito com aquelas novas informações.

Mas o que teriam em comum os meus conflitos pessoais e os conflitos do Dr. Ademar com alguns colegas de profissão e, todos os outros conflitos que assisti durante a pandemia de 2020?

O ápice dessa questão foi aflorando e ficando mais nítido para mim, quando passei por aqueles meses de confinamento em casa por causa do corona vírus e decidi analisar tudo o que havia visto, lido, assistido e ouvido.

Fiz uma revisão geral no que diziam os profissionais de todas as áreas, mas principalmente da saúde. Vi, li e analisei várias vezes, até mesmo o que algumas pessoas leigas colocavam nas redes sociais durante este período. Havia conflitos por toda parte. Entre diversos profissionais da saúde, entre leigos, políticos e outros profissionais.

Os conflitos sobre o corona vírus foram acentuados por uma mídia que provocava ainda mais os medos e as decisões das pessoas durante aqueles fatídicos dias. Depois de analisar cada conflito eu perguntei para mim mesmo por que vivíamos desta forma. Por que havia tanta discordância no meio político, na saúde e na vida pessoal?

A resposta veio para mim de maneira muito clara. Mas esta resposta me trouxe também um desafio para todos os seres humanos do século XXI. Se eu quisesse saúde e bem estar teria que ficar atento a este conflito e vencê-lo, caso contrário estaria fadado a oscilar entre saúde e doença durante toda a minha vida. Estaria destinado a viver períodos de bem estar e períodos de mal estar.

Foi no ano anterior e nos anos subsequentes ao grande evento da pandemia do corona vírus que esse estranho e oculto conflito foi se tornando mais claro e consciente para boa parte da população. Mas mesmo assim, nem todos que o percebiam sabiam o que poderiam fazer para vencê-lo.

Eu temia que aquilo que um grande escritor judeu dos primeiros séculos afirmou - "Estão sempre aprendendo, mas jamais conseguem chegar ao conhecimento da verdade" - se tornasse uma experiência das pessoas desse século. Por isso decidi fazer parte das vozes que alertam meus contemporâneos.

O conflito político tentou camuflar e esconder o verdadeiro conflito que cada ser humano enfrenta, mas para mim, aconteceu o contrário. Ao estudar e analisar os conflitos separadamente e depois procurando o que eles tinham em comum, eu achei a resposta.

Os conflitos políticos deixaram claro que, por causa da fome e sede de poder, a saúde e o bem estar poderiam ser usados como pseudoargumento. E foi exatamente essa fome e sede de poder que me deu mais uma pista para eu seguir.

Vendo este mesmo conflito acontecendo dentro da medicina, fui buscar a raiz dele e vi que ele se acentuava e se mostrava mais claro na vida de cada individuo.

Era em cada pessoa, em cada um de nós que o campo de batalha mais se intensificava. Em outras palavras todos os conflitos que eu havia assistido durante a pandemia, na verdade

254

vinham de um conflito de dentro de cada pessoa. As pessoas viviam em conflito consigo mesmas.

Busquei conhecer mais profundamente porque as pessoas estavam divididas dentro de si mesmas e cheguei à conclusões que mudaram a minha perspectiva de vida e passei a me amar mais e a ter mais paciência comigo mesmo e com os outros. Veja o que descobri sobre a formação de nossa personalidade:

Assim que nosso cérebro se forma e, ainda estamos no ventre materno, todas as nossas experiências corporais são enviadas ao cérebro para que ele armazene as informações. O Batimento cardíaco, o funcionamento de cada órgão e cada sistema tem comunicação direta com o todo o corpo por meio do cérebro.

Existe uma comunicação constante e toda essa comunicação, de tanto se repetir, é memorizada e se torna automática. Nossos sentidos naturais vão captando tudo o que ouvem, sentem, veem, experimentam no paladar e vai armazenando, formando os primeiros pensamentos. A repetição ou a intensidade contínua de um pensamento se transforma em ideias fixas que podem ser acessada pelo ato de relembrar.

Nós temos químicas em nosso corpo que são traduzidas como sendo algumas emoções primárias como ansiedade, tristeza, alegria, frustração, satisfação. Na medida em que o cérebro repete essas emoções, elas vão sendo registradas e passam a ser sentimentos.

O mesmo processo que acontece com pensamentos repetitivos que se tornam ideias, acontecem com as emoções que, de tanto se repetirem se tornam sentimentos. As emoções são naturais, já os sentimentos são produtos do cérebro humano. São memórias gravadas, por exemplo:

Quando criança você pode ter presenciado a morte de alguém, ido à um enterro e observou que todos choravam. Estavam tristes. Seu cérebro registrou todos os fatos, imagens, cheiros e sons juntamente com uma emoção de tristeza. Assim hoje quando se fala em enterro ou morte imediatamente seu cérebro coloca a química da tristeza para você sentir.

Existem certas tribos indígenas em algumas ilhas, onde as crianças presenciam festas, danças e alegria nos enterros e nas mortes de seus membros. Por isso quando crescem e alguém morre, elas não irão chorar, mas todo o seu cérebro colocará a disposição delas uma química de alegria e de entusiasmo para que dancem e festejem.

A tristeza essencialmente é uma emoção natural, mas muitas vezes, é apenas um sentimento e pode até ser uma crença. Todo sentimento pode ser trabalhado e transformado, porém nunca deixaremos de ter nossas emoções, à menos que aconteça alguma disfunção na química de nosso corpo.

A personalidade humana é algo cuja construção é bastante complexa. Um dos pontos chaves da formação da personalidade de alguém é a sua vontade. Quando o bebê está no ventre materno, o corpo vai bombardeando o cérebro de informações sobre necessidades para sua sobrevivência.

Depois que ele nasce, essas necessidades serão aperfeiçoadas, repetidas e algumas até intensificadas. Estas necessidades se transformam em desejos e, quando isso se repete várias vezes, o cérebro registra como uma vontade ou um querer.

Por exemplo, no início da vida, você tem a necessidade de comer para suprir o corpo de energia. Dependendo do país ou região que você nasceu lhe darão um determinado tipo de comida.

Na medida em que esse cardápio se repete, seu cérebro irá memorizar como um desejo e este desejo se repetindo, chegará o momento em que você dirá:

- Huummmm! Estou com uma vontade de comer uma Geléia de morango!!!

A vontade então se registra no cérebro em relação a quase tudo. As vezes extremamente intensa e quase incontrolável, (o que chamamos de vício) e, as vezes algo que você consegue adiar, substituir por outra vontade ou mesmo anular.

Outro aspecto da personalidade que precisamos entender é que a soma de ideias, sentimentos e vontades é a essência do que chamamos de eu. Esta formação é bastante complexa porque estes elementos constituintes variam de forma quase infinita por causa da enorme quantidade de experiências de cada individuo. Por isso somos tão únicos e, ao mesmo tempo, todos humanos. Porque todo humano se forma dentro desse esquema.

Vamos entender agora como acontecem as divisões dentro de nossa própria personalidade. Os sentidos do corpo bombardeiam o cérebro com repetições de necessidades básicas de sobrevivência.

Esses sentidos se transformam em reações instintivas e são vontades profundas e inconscientes. Você não consegue controlar com sua mente consciente cem por cento dos seus instintos.

Somente depois de muito treino e disciplina consegue- se mudar sua intensidade de comando em alguns tipos de instintos. (fome, sede, excreção, dor, autopreservação etc) Estes instintos dominam sobre ideias, sobre os sentimentos e sobre sua vontade.

Já as ideias, sentimentos e vontades são sub conscientes, estão entre o consciente e o inconsciente e exercem um grande poder de domínio sobre pensamentos, sobre as emoções e nossos desejos.

Já a vontade e o querer são estabelecidos nos três níveis do cérebro. Quanto mais profundo for a memória de uma vontade, mais poderosa ela é. Existem vontade inconsciente, vontade subconsciente e vontades conscientes. As vontades conscientes geralmente são as mais fracas e de fácil mudança.

Por causa desse esquema de formação da personalidade é que muitas vezes a pessoa pensa que quer algo e faz completamente o contrário. Ainda que você pense que aquele querer é o melhor para você, existe um outro querer em um nível mais profundo, no subconsciente ou no inconsciente que domina suas ações.

A vontade só tem ações firmes e permanentes quando suas raízes aprofundam até o nível inconsciente e contam com a coerência entre sentimentos, ideias, desejos e necessidades. Como essa coerência é algo difícil de se conquistar, para se tornar uma pessoa íntegra, inteira, exige-se autoconhecimento, treinamento e muito trabalho.

É claro que nós somos mais complicados do que esta minha rápida explanação pode fazer parecer, mas acredito que seja suficiente para que toda pessoa entenda que seus conflitos internos são perfeitamente normais.

Quando se compreende todo este pequeno modelo de sistema de formação de nossa personalidade; quando na prática do dia a dia, paramos para prestar atenção nesses aspectos que fazem parte de nossa personalidade, passamos a compreender a nós mesmos e saber como trabalhar com amor e paciência para nosso auto aperfeiçoamento. Agora podemos entender o conflito pessoal observando os fatos externos.

Tudo o que acontecia de forma materializada nas redes sociais, fazendo apelos a mudanças ou conservação de hábitos que já não davam soluções definitivas e plenas para problemas de saúde atuais, estava na verdade expondo o conflito já existente dentro de cada ser humano.

Mesmo com todas as informações da internet revelando os limites da medicina tradicional e apontando uma nova medicina, muitos ainda não conseguiam procurar a nova medicina por já estar na memoria inconsciente que é a medicina tradicional que dará a solução. (mesmo que ela não dê)

Toda pessoa exposta às duas formas de cuidar da saúde, entrava num dilema de ter que escolher entre ficar e permanecer num lugar de sobrevivência apenas (proposta da medicina tradicional), ou sair da penumbra da dúvida e da incerteza e encontrar um lugar ao sol que teria grandes chances de trazer vida e vida em abundância.

Sair de um ambiente conhecido para habitar um outro, ainda que melhor, mas que é estranho aos nossos registros mentais e emocionais, exige muita coragem e determinação.

A medicina integrativa ou sistêmica, enfatiza principalmente a mudança de hábitos alimentares. Era exatamente aqui que as pessoas ficavam travadas. A proposta é mexer nas estruturas da personalidade do indivíduo.

Tudo que existe na mente humana, seus programas, suas experiências a mantem aprisionada naquelas memórias. Aprisionadas pelo paladar dos alimentos industrializados e pelos maus hábitos alimentares da vida urbana.

Além dessa auto prisão, as pessoas ainda desconhecem a realidade do funcionamento de seu próprio corpo e do trabalho e paciência que teriam que ter para fazer a sua própria transformação.

Os conflitos de opiniões apenas mostravam como os seres humanos estavam divididos, como eles não eram harmônicos entre si.
Desconheciam as palavras harmonia e dependência.

Mesmo com um vírus que se propagava de pessoa para pessoa, desrespeitando barreiras sociais, econômicas, nacionais; vencendo distancias incríveis e mostrando o quanto estávamos influenciando uns aos outros, eles ainda não tinham entendido que eram um só organismo no planeta terra.

E pior! Na política, as pessoas não queriam saber o que seria melhor para todos, mas o que era melhor para o seu grupo, o que era melhor para si, até mesmo para prevalecer sua ideia do que era certo ou errado. Estavam todos divididos.

Não chegaram a consciência de que aquilo que é bom somente para um grupo ou pessoa, a longo prazo deixará de ser. Somente o que for bom para todos, poderá perdurar com o passar dos anos.

O que mais nós precisávamos no início do século XXI era eliminar o conflito e entrar na dimensão do amor por tudo e por todos. Isto tinha que começar com a auto aceitação. Mas antes disto cada indivíduo precisava aprender a não ter laços, mas sim uma afetividade inteligente e profunda com tudo e todos.

Antes de se conectar com "o todo", precisava se unir consigo mesmo, se enxergando como realmente é, sabendo de seu processo contínuo de auto aperfeiçoamento, se auto aceitando e se amando. Essa auto aceitação e esse auto amor viria então a refletir em suas relações com os outros.

Qualquer tentativa de se ligar aos outros antes de uma profunda ligação consigo mesmo se transformaria em laços sentimentais e ideológicos que aprisionariam e dividiriam ainda mais as pessoas.

Depois de minha consulta com dr. Ademar, fiz várias experiências comigo mesmo a fim de conseguir minha auto unidade. Quando fui orientado a mudar meu estilo de vida, no começo percebi que era uma transformação radical demais. Precisava entender como tudo aquilo funcionava para mim.

Iniciei uma pesquisa sobre como funcionava a questão do gosto ou paladar na formação do indivíduo. Por que eu dizia que gostava de comer massas e salsichas, enquanto afirmava odiar jiló ou coentro?

Então decidi estudar o funcionamento do cérebro nesse processo de formação do gosto alimentar. O processo era idêntico ao da formação da personalidade. Tudo começava com o que minha família e minha sociedade já haviam escolhido como alimento. Assim que este alimento passava pela minha boca, desde meus primeiros meses de nascimento até minha vida adulta, era registrado em estruturas mentais que me diziam o que gostar e o que não gostar de comer.

Em outras palavras, tudo o que nossos pais ou nossos cuidadores colocavam na mesa para comer e nós experimentávamos e saciava nossa fome, nossos cérebros registravam os gostos, (amargo, doce, salgado, quente, frio, etc.); junto com esses sabores também eram armazenados sensações, emoções e afetividades que se cristalizavam na mente. Juntamente com a sensação da fome saciada após a refeição.

Se nossos pais, ao nos obrigarem a experimentar um novo alimento dissessem:

- Isso é uma delícia, prova! Veja que gostoso! E enquanto nos forneciam o alimento também nos dessem carinho, atenção e, ao repetir a dose do alimento, repetissem aquelas palavras e gestos carinhosos, nosso cérebro armazenaria tudo isso junto.

O carinho dos pais, os gostos, texturas e temperaturas daquele alimento e a satisfação da fome saciada. A partir destas sensações todas formariam a estrutura que hoje simplesmente resumiríamos na seguinte frase:

262

- Eu adoro essa comida! Igualzinho a da minha mãe! Huummm! Esse cheirinho me lembra minha infância na casa da vóvó! E assim por diante.

Também vi que, a neurociência e a epigenética afirmavam que nenhuma dessas estruturas mentais eram para sempre. Estas gravações mentais não estavam fixadas em nosso cérebro para sempre. Se você se esforçasse e fizesse outras repetições intensas, elas seriam transformadas.

Assim decidi comprovar a veracidade dessas informações, como um bom descendente de uma sociedade cartesiana. Comecei a trabalhar comigo mesmo e decidi procurar o Dr. Ademar para ouvir sua opinião sobre essas minhas divagações e pesquisas.

Nos encontramos, num daqueles lugares paradisíacos do sul, num café orgânico, onde tinham uma plantação maravilhosa baseada na agroflorestal. Uma agricultura sintrópica. Fiz algumas perguntas a ele sobre meus pensamentos e ele começou a me responder de uma forma mansa e tranquila:

- A vontade humana era uma ordem interior difícil de ser domada e subjugada. Ela estava carregada de gostos, de sentimentos, pensamentos que, na maioria das vezes, não estavam em harmonia com o que realmente o corpo precisava para viver bem, por muito tempo e de forma saudável.

Um dos maiores vilões da saúde humana nesse periodo da história era o tão adorado e aclamado açúcar. Dr. Ademar me disse para fugir e se possível, nunca mais usa-lo em minha alimentação. Você quer saber como é possível criar um gosto novo, um paladar novo?

Durante o primeiro ano que cortei o açúcar de quase toda a minha alimentação. Não usava nem para os sucos e não comia mais doce algum. No início eu sofri muito por essa privação, mas como a neurociência havia me afirmado, eu percebia lentamente algumas mudanças no meu paladar.

Com um ano dessa prática eu ainda conservava o hábito de beber café com leite adoçado com açúcar mascavo ou demerara. Foi então que resolvi radicalizar. Fiz alguns workshops onde aprendí que toda e qualquer inflamação era alimentada por esse componente. Cortei completamente o açúcar da minha vida, não somente o açúcar, mas também todo carboidrato simples que se transforma em açúcar em minha corrente sanguínea.

No final de dois anos eu percebi que já não gostava de nada doce ou com açúcar. Meu paladar e aquilo que eu dizia que adorava comer, nada mais, nada menos era que um hábito registrado pelo meu cérebro, depois de tanto receber no corpo porções cada vez maiores desse veneno.

Eu agora estava livre, já não existia nem prevalecia aquela ideia de que açúcar era delicioso e se algo doce tivesse porções avantajadas de açúcar, eu não conseguia comer nem beber. Eu realmente comecei a sentir o sabor de tudo. Passei a não gostar de café ou qualquer bebida que levasse uma gota sequer de açúcar. Nunca usei nenhum adoçante, porque sabia que era ainda mais danoso que o próprio açúcar. Além do mais, eu queria ver se era possível realmente mudar aquilo que todos chamavam de paladar ou aquilo que dizem:

"- Eu gosto demais disso! Não consigo deixar de comer! Se eu parar de comer isso a vida vai até perder a graça!

Incrível! Mas depois de três anos eu tinha um novo paladar comandando minha alimentação. Se todos soubessem que isso era possível poderiam mudar todos os hábitos alimentares e dentro de pouco tempo estaríamos todos "adorando" e achando "delicioso" somente alimentos que fazem bem para nossos corpos.

Esse segredo do funcionamento do cérebro salvou minha vida e me colocou do lado certo desse conflito. Todo e qualquer ser humano que estava vivendo o conflito interior de "gostar" de alimentos mortais e venenosos e "não gostar" dos alimentos saudáveis, precisava saber disso.

O que você detesta comer hoje, amanhã você irá considerar como algo delicioso. O que você hoje diz que ama e se delicia em se alimentar, vai ser algo detestável ao seu paladar. Tem que ter disposição para lutar pela sua saúde e seu bem estar. Este conflito passa inevitavelmente pelo seu paladar. Vai á luta!

O paladar pode ser sua escravidão. É ele quem te mantem preso aos alimentos que lhe foram dados desde sua infância e que vem lhe matando sorrateiramente. Depois de estabelecida, mesmo que seja muito forte essa prisão pelo paladar, ela ainda pode ser quebrada e você ficar livre, mas nunca sem esforço e uma forte decisão irrevogável de sua parte.

Por ter passado por este conflito eu te convido e te animo. Você pode mudar completamente sua vida depois que perceber como seu paladar tem te aprisionado e que é possível quebrar os seus grilhões.

Um dos aspectos desse conflito no individuo foi revelado agora. Não está mais oculto. Você só precisa ter força de vontade para cuidar de si e de seu corpo, começando com a mudança de seu paladar, você com certeza vencerá o conflito.

-       Falando em conflito Dr. Ademar, entrei em contato com um tutor espiritual que considerei interessante como ele colocava de maneira cientifica e espiritualizada esse conflito na personalidade do individuo.

Vou colocar exatamente como ele descreveu essa questão do conflito em relação a espiritualidade e a vontade humana:

-       *"Eu fico somente observando como as religiões moralistas aproveitam a falta de conhecimento das pessoas para infiltrar mentiras e colocar pesos desnecessários nas costas de cada pessoa, fazendo-as ter uma vida no mínimo muito dolorosa.*

Utilizando a culpa e o sentimento de vazio que todo ser humano carrega em si, a religiosidade moralista ensina caminhos equivocados para que a pessoa alcance paz consigo mesmo e com o criador.

Não quero falar aqui sobre o vazio, deixarei para uma outra oportunidade, vou falar somente sobre o sentimento de culpa que vem principalmente para aliviar a tão incompreendida hipocrisia cerebral. Para mim a relação entre culpa e hipocrisia cerebral é muito clara e vou lhes falar sobre isso.

O sentimento de culpa é uma acusação interna que a própria pessoa faz a si mesma, quando comete algum engano, comete algum erro contra si mesmo e contra o outro e, contra alguns princípios de comportamentos sociais que aprendeu serem certos durante sua infância e no decorrer de suas vivências.

266

Este sentimento nunca trará iluminação e paz porque exige ser revisto de tempos em tempos. Isto é, a culpa não soluciona o erro e nem capacita aquele que errou a consertar o seu erro.

A culpa apenas aprisiona o culpado em um triste ciclo entre o erro e o perdão de maneira viciante. A pessoa erra, se arrepende, pede perdão, mas logo em seguida volta a cometer o mesmo erro. Isso não é normal. Pode até ser comum, mas não é normal. Normal é aprender com os erros, ainda que eles se repitam por algum tempo, e, depois acertar.

Para se ver completamente livre dessa culpa viciada pela religiosidade é necessário que cada indivíduo fique consciente de sua própria hipocrisia cerebral.

Eu nunca uso a palavra hipocrisia sozinha, porque ela só tem servido para julgar e dividir as pessoas. Eu sempre falo de hipocrisia cerebral porque, essa sim, é a base comportamental de todo ser humano, é uma falha no funcionamento do cérebro quando este esta trabalhando, durante a infância, na formação da personalidade.

De acordo com Freud, a mente humana vai se formando seguindo uma sequencia de desenvolvimento que parte do ID (memorias corporais e necessidades biológicas, passa pelo EGO (equilíbrio entre ambiente biológico com o ambiente social) e o SUPEREGO, exigências morais, sociais ensinadas pelas autoridades presentes na vida da criança durante os primeiros dez anos de vida.

É a partir das informações morais do SUPEREGO que a criança encontra energia mental e emocional para, no futuro, exercer autoridade moral sobre suas próprias ações e pensamentos. É

267

deste lugar mental que vem surgindo sentimentos e ideias como vergonha, repulsa e moralidade .

Essas três instancias da personalidade nem sempre estão de acordo. Cabe ao ego tentar equilibrar e organizar esses conflitos. Porém o problema da hipocrisia cerebral está principalmente na relação entre o ego e o superego.

O superego é a parte cerebral que estabelece o alvo, o que deveríamos ser, qual a maneira correta de se comportar, de falar e ser. (isso foi estabelecido dentro do contexto social de cada indivíduo) .

Então todos nós, pelo poder das energias do superego que exerce em nós enquanto humanos, somos levados e impulsionados a melhorar, a crescer e a lutar pelos nossos sonhos, pelo ideal de vida e pelo ideal da pessoa que deveríamos ser.

No entanto, existem informações que estão dentro do superego que, por causa de nosso desenvolvimento biológico, nossa condição mental ou emocional atual ainda não estão maduros o suficiente para realmente fazer o que este superego ordena.

Por exemplo, uma criança que já sabe segurar uma chave, é informada que essa chave serve para trancar ou destrancar uma porta. Ela vê as pessoas que ela mais ama e admira abrindo e fechando portas com aquela chave que está em suas mãos.

Quando alguém pergunta se ela sabe abrir uma porta ela imediatamente afirma que sim. Fisicamente e intelectualmente ela ainda não sabe exatamente como fazer aquilo, mas afirma categoricamente que sabe fazer isso. Por quê?

Ela só age dessa maneira porque tem um superego que tem a informação que todo ser humano, inclusive ela tem a obrigação de saber abrir e fechar uma porta. Ela obedece ao comando do superego dizendo que sabe fazer algo que na prática ela ainda não está pronta e não consegue realizar.

O superego ordena que se deve fazer e o Ego afirma que sabe, mas a verdade é outra. Todo mundo vive este dilema em diversas áreas da vida.

O conflito interior então, onde uma parte diz que tem que ser feito, falado, sentido e vivido e a outra diz que não consegue, não sabe e tem limites; para não estrangular e angustiar mortalmente a pessoa, utiliza o artifício de simplesmente dizer que sabe, que é, que faz, aquilo que ainda não se consegue.

Muita gente, sem maldade e sem intenção de ser hipócrita, começa a fazer isso e a esconder a verdade até de si mesmo. Fala algo que seria certo sobre si mesma, mas não consegue, nem sentir nem agir de acordo com o que afirma.

A culpa é o sentimento que vem junto com esse conflito. Após se constatar o limite e a incapacidade, o conflito começa a exigir um conserto. Traduzimos essa exigência como culpa.

Ela se estabelece na mente dividida e para camuflar essa guerra interior, as religiões criaram centenas e centenas de artifícios, sacrifícios, crenças e rituais para aliviar a pressão e trazer um certo alívio momentâneo. Mas seu efeito não é sustentável.

Quando reconhecemos isso como parte integrante e desajustada da formação da nossa personalidade humana, paramos de chamar as pessoas de hipócritas como se elas fossem conscientemente responsáveis por essa falha na formação de seu caráter. Paramos também de acusar a nós mesmos.

Reconhecemos como legitimas a exigência e o apelo energético da instancia mental que faz isso (o superego) para nosso crescimento, auto superação e desenvolvimento. Trabalhamos ao longo de nossa existência para poder levar essas partes constituintes de nossa personalidade ao equilíbrio, à aceitação sem desprezar ou anular tais exigências.

Este processo de busca de equilíbrio e harmonia interior exige a principal e exclusiva característica da espiritualidade sadia: Humildade.

Humildade é ter luz suficiente para ver essa verdade em si e nos outros com amor e com aceitação, juntamente com um forte desejo de auto superação e integridade (inteireza de ser).

Somente assim, todos nós, conseguiremos parar de acusar o outro e a nós mesmos. Como consequência disso, teremos mais tolerância quando nos vermos sem condições de fazer aquilo que seria bom e certo para nós mesmos.

Saberemos esperar um pouquinho mais quando vermos o outro falhando na tentativa de acertar e melhorar em suas atitudes, palavras e sentimentos. Quando nos vermos comendo algo que nos fará muito mal, esperaremos o dia de amanhã para não continuarmos a comer aquilo.

Essa postura Iluminada trará uma nova visão da vida e livrará qualquer ser humano do sentimento de culpa e de acusação. Assim grande parte da força que aprisiona os seres humanos na religiosidade e no conflito se esvai e começa-se a experimentar a verdadeira Liberdade. Como disse o nosso Mestre maior: "E

270

conhecereis a verdade e a verdade vos libertará". " Dr Ademar me interrompe e diz:

- Achei as considerações desse tutor espiritual bastante profundas e ele deixou um pouco mais claro a divisão interior que existe dentro de todos nós de maneira suave e sem peso.

Assim, quando eu mostro que o que você quer, muitas vezes você não faz; aquilo que você faz, muitas vezes você não quer; não é com o intuito de te trazer culpa ou vergonha. E nem mesmo estou lhe acusando de nada, apenas estou aqui para revelar o seu, o nosso conflito.

Todos os conflitos mostram apenas a divisão que acontece dentro de cada um de nós. Foi estudando e analisando todos os conflitos que percebi o princípio da divisão humana.

Este princípio a gente vê espalhado pelo mundo e pela sociedade afora. Não se deixe iludir pela unidade harmoniosa da irmandade da maçonaria. Eles brigam entre si.Não se iluda com a aparente paz do senhor no meio evangélico. Eles brigam entre si. Não se iluda com a unidade da igreja católica. Eles brigam entre si. Não se iluda em relação aquelas famílias que aparentam serem perfeitas, eles também brigam entre si.

Tudo por causa da fome de poder que cada um precisa saciar. O poder de alguém que se sente completamente incapaz de dominar, com poder, a si mesmo, seu paladar, seu cérebro e suas funções biológicas.

Ao sentir essa falta de poder, na ânsia de conquista-lo, ele projeta nos outros e na sociedade o inimigo que está dentro dele mesmo.

Passa a querer dominar por meio de armas escusas o outro e a sociedade ao seu redor, seja por meio político, por influência ou por força armamentista para compensar sua falta de poder consigo mesmo.

Aquele que domina a si mesmo, que possui o domínio próprio, não sente mais a necessidade de liderar ou de comandar a vida de outrem.

Só para servir de exemplo de como esse conflito entre mente e corpo é algo bastante comum no dia a dia dos seres humanos, observe que, muitas vezes, a pessoa tem um sentimento e pensa coisas completamente diferentes daquilo que está sentindo.

Outras vezes fala uma coisa e age de maneira oposta. E assim se percebe vários níveis de incoerência pessoal em diversas ocasiões. Uma total falta de harmonia e equilíbrio.

Por isso o primeiro passo da cura quântica é fazer a pessoa se perceber em todas as dimensões de sua personalidade, desde o corpo até seu ser mais subjetivo (espírito) e depois, se aceitar e se amar exatamente como se apresenta no presente momento da consciência.

Depois de se ter consciência de si, se aceitar e se amar, é momento de entrar para a terceira etapa da cura, que consiste em viver o seu dia a dia procurando sempre fazer o seu melhor em relação ao cuidados do corpo, das emoções, da mente intelectual e também de seu aspecto energético (seu espirito).

Com o aumento pessoal de consciência e conexão energética profunda eliminam-se emoções negativas, como culpas, ressentimentos, sofrimentos, medos, acusações, limitações e, reconecta-se com a essência universal da vida, em outras palavras a versão original de si mesmo.

O que vi nas redes sociais foi exatamente a revelação exteriorizada deste conflito pessoal. Todos querendo exercer algum tipo de domínio sobre as outras pessoas, indiferentemente se estavam certos ou errados; se tinham embasamento científico e verdadeiro ou se apenas transmitiam "fakenews". Queriam dominar os pensamentos, os sentimentos e as ações das outras pessoas e, muitos deles conseguiram.

Para além de tudo isto eu sei que eu trago em mim duas naturezas. A natureza da obediência à saúde, ao bem estar, a vida e, a natureza da obediência à uma mentalidade forjada pela sociedade, ao mal estar e a morte.

Quanto mais eu alimento uma natureza por meio de atitudes, pensamentos e sentimentos mais essa natureza fica forte. Por isso o conflito permanece e algumas vezes uma vence e a outra perde. Quanto mais eu alimentar uma destas duas naturezas mais forte ela ficará.

Quanto mais eu alimento uma destas naturezas, com ações, sentimentos, palavras e pensamentos, mais fico escravo dela e passo a agir sob o comando desta natureza.

Quanto mais eu comer alimentos industrializados, beber pouca agua, não me importar com relacionamentos que me aborrecem e me consomem; descuidar de mim mesmo, mais essa natureza de doença e mal estar estará no comando de minha vida.

Agindo assim por muito tempo, chegará um ponto em que eu considerarei normal sentir dores, estar sempre com algum mal estar e será comum eu dizer:

-       Essa gripe que "eu tenho" é algo que acontece todo ano! Todo ano, nessa mesma época, eu gripo mesmo! não adianta fazer nada!

Outros, que já estão envenenados no corpo, na mente e na alma, ainda farão brincadeiras com aquilo que é primordial para a vida – a sua saúde:

-       Eu gosto mesmo é de SPA... "Spa-guete"! E soltarão gargalhadas daquilo que o está debilitando e preparando-o para doenças ou debilidades futuras.

Temos que começar a alimentar a nossa natureza que ama a vida, a saúde e o bem estar e em breve o conflito será completamente vencido! Eu tenho algo muito interessante para ilustrar essa condição humana.

Digamos, que eu tenha um cão maravilhoso! Um cachorrinho dócil e que, aqui em casa, ele sempre late avisando quando algum estranho se aproxima. Além de bonito ele é extremamente útil.

Observando ele, vejo-o caminhando sempre para lugares onde tem muito carrapato, voltando cheio de carrapichos do mato. Ele fica se coçando e sofrendo com tantos aracnídeos cravados em sua pele e com os incômodos carrapichos.

Ele não sabe que, o que ele faz e por onde anda, traz consequências sobre o próprio corpo dele. A maneira como ele caminha, aonde ele caminha, o ambiente que ele frequenta.

As vezes levo-o para o pet shop e faço uma linda tosa nele. Ele fica lindo, limpo e sem nenhuma perturbação desses aracnídeos ou outros insetos. Todo perfumado e até volta com uma gravatinha no pescoço.

Quando menos espero, se eu não prendê-lo, ele vai para os lugares mais improváveis, a toa, sem nenhum motivo se dirige novamente para o lugar onde tem carrapatos, carrapichos e sofre com suas atitudes.

Muitos de nós vivemos assim, com uma espécie de consciência canina, como se não soubéssemos como nos comportar, que ambiente frequentar, qual alimento correto para a saúde de nosso corpo.

Existe uma consciência de auto percepção e da maneira como a pessoa se vê que influencia muito em sua saúde. Essa consciência e auto percepção vem de um treinamento de escutar o corpo.

As pessoas naturalmente não desenvolvem uma comunicação muito clara com seu corpo, a menos que o corpo grite ou acentue qualquer tipo de sensação, elas não dão conta, não percebem os males que o atacam.

O nosso corpo é atacado pelo mundo exterior, seja por bactérias, poeiras, vírus ou outros agentes da natureza vinte e quatro horas por dia. Existem milhares e milhares de bactérias e objetos minúsculos que estamos em contato diariamente e, se o cérebro fosse dar conta de tudo isso conscientemente, o individuo ficaria louco.

No entanto, mesmo com esse mecanismos de defesa do cérebro, é necessário que o indivíduo desenvolva uma percepção maior do seu corpo. Isto chama-se consciência corporal.

É preciso perceber que na medida que o tempo vai passando, o corpo vai se enrijecendo, as juntas vão perdendo flexibilidades, gorduras se acumulam, inclusive nas veias principais e a pessoa não percebe.

Por não perceber esses ataques que já estão saindo da dimensão do considerado normal, natural e do próprio combate às bactérias, vírus, situações estressantes e alimentos destrutivos, a pessoa continua vivendo, se relacionando e comendo aquilo que quer (escravo do paladar e da vontade desvirtuada).

Somente quando o corpo quebra é que a pessoa procura um médico. Não porque ouviu o aviso do corpo sobre alguma irregularidade, mas porque o corpo realmente caiu. Se tornou deficiente em algum de seus funcionamentos normais, tem um órgão que já não está funcionando ou funcionando com muita dificuldade quase levando ao falecimento. É o que chamamos de doença.

Quando uma pessoa desenvolve uma mente mais tranquila, pratica exercícios físicos com regularidade, alongamentos, respirações mais conscientes e profundas meditações com sua atenção voltada para o corpo, ela passa a perceber os pequenos sinais do corpo, sua percepção é maior para ouvir a condição do corpo, da situação de seus ossos e dos pequenos avisos discretos dos órgãos.

Quando ela começa a sentir uma leve dor nas juntas, faz um alongamento, faz um exercício físico, pratica um certo esporte, pratica uma yoga, e isso o libera daquela dor, que mesmo sendo uma dor esporádica, se não for cuidada, pode se tornar crônica.

A pessoa precisa de um espelho a sua frente para poder comparar quando começa a praticar algum exercício físico com atenção voltada para as sensações corporais. Pode ser yoga ou um tai chi chuan, ou qualquer atividade que leva em consideração a respiração e a atenção voltadas para a conscientização corporal.

Assim a pessoa observa o seu corpo, colocando sua atenção tanto nos músculos, sensações da pele e órgãos internos, vendo-os num processo de desenvolvimento, de funcionamento e de dinâmica contínua.

Trabalhando músculos, ossos, circulação do sangue, os nervos e buscando uma respiração correta, todo o corpo é automaticamente ativado para a busca de uma qualidade de saúde superior.

Todo esse argumento é para convencer e alertar você para se distanciar um pouco de seus pensamentos e sentimentos cotidianos e perceber que o ser humano é muito mais que o seu corpo. Por isso, habitando nesse corpo, precisa cuidar melhor dele, para que sua morada seja sempre mais saudável, uma casa mais limpa, mais capaz de conduzir e dar uma vida de mais disposição; uma vida mais longa, mais serena e com um nível elevado de bem estar e alegria.

Eu costumo dizer que a saúde tem pilares, vou citar 4. Energético, espiritual, mental e físico, formando a saúde quântica.

A saúde quântica também se ocupa em convencer o indivíduo a estar sempre focado no agora, no presente momento. Pois se observarmos com atenção, todo o momento que nossa mente foge para o passado ou para o futuro, ela tende ao sofrimento e a infelicidade.

Em outras palavras você precisa estar sempre buscando sua mente para viver no agora, no presente momento e focar sua atenção na presença. Estar na presença é entender o que estou fazendo agora, nesse exato momento.

As pessoas querem mudar de vida, mas não estão dispostas a mudar a suas rotinas, por isso, em toda a humanidade, noventa e cinco por cento estão dormindo em termos de consciência quântica, quatro por cento estão semi-despertas e apenas um por cento estão completamente acordadas.

As emoções também devem ser entendidas, visto que são químicas que passeiam e afetam todo o corpo, tanto de maneira positiva quanto negativa. Por isso seu relacionamento consigo mesmo irá definir como você se relacionará com as pessoas ao seu redor. Preste atenção nisso!

Todas estas questões acabam demonstrando as coisas que são mais importantes e devem ser prioridades na vida de todo ser humano. A utilização do tempo para o cuidado consigo mesmo e o tipo de relacionamentos que estabelecemos com a família, amigos e pessoas com quem trabalhamos.

Passamos muito tempo conversando naquele encontro e fiquei impressionado com o conhecimento sobre saúde que ele tinha. Me falou muito mais coisas, citou muitos outros tipos de alimentos e sempre enfatizou que o importante não era começar qualquer tipo de alimentação somente porque se sabe de seu poder para melhorar a saúde, mas cada pessoa precisava se alimentar sob a supervisão inicial de um profissional.

Saí daquele encontro satisfeito. Dr Ademar me deu esperança de que nesse planeta ainda existem homens que amam o humano, o ser debilitado que precisa tanto de cuidados. Me deu a esperança de que existem médicos que cuidam do doente e não da doença. Me deu esperança de que ainda existem mentores que querem fazer discípulos e não apenas se autopromoverem.

A pandemia manifestou o caos que se revela na humanidade, o confronto de ideias, cada um querendo provar que sua opinião é mais acertada que a do outro. Alguns pegaram carona e aproveitaram a triste situação para se declararem falidos, outros para se corromperem. No entanto, para aqueles que estavam conectados à energia viva, puderam fazer dessa experiência um novo começo, com um novo estilo de vida mais feliz, saudável e próspero.

Dr Ademar, a pandemia e a saúde quântica lhe oferecem uma palavra de bem vindo a uma vida sobrenaturalmente maravilhosa! A escolha é sua!

www.ingramcontent.com/pod-product-compliance
Lightning Source LLC
Chambersburg PA
CBHW050501160726
48003CB00001B/109